知的生きかた文庫

仕事の最強原則

吉越浩一郎

JN267611

三笠書房

はじめに――**仕事ができる人の〝絶対ルール〟**

仕事ができる人と、できない人――。その違いは、どこにあるのか。私は、能力それ自体に大きな差があるのではなく、むしろ仕事に対する基本的な考え方や姿勢、取り組み方などのほうがはるかに重要で、それが結果に大きな差を与えていると考えています。

たとえば、ビジネスパーソンの中には、ひたすら表面的な仕事のスキルやテクニックばかりを磨こうとする人がいます。しかし、本来であれば、**自分自身の才能をもっと信じ、その根本にある能力が遺憾なく発揮されるような努力をすべき**なのではないでしょうか？

もともと高い能力がありながら、それを発揮するためのベースとなる「体力」や「気力」を充実させる習慣を身につけることを怠ったため、その実力を十分に発揮できなかったり、途中で病に倒れたりして、大成できなかった人を、私はたくさん見てきました。

どんなに優秀で、高い能力を持っている人でも、それを裏打ちしてくれる体力や気力がなければ、その実力を存分に発揮することはできない、ということです。

「一に体力、二に気力、三に能力」――これは、ビジネスパーソンとして伸びていくための「根本的なルール」として深く自覚し、自分のものにしておかなければならないものだと、私は考えます。

仕事ができる人は、寝る間を惜しんで体力を削りながら働こうとしたりはしません。逆なのです。日々の仕事の中でさまざまなことに自ら気づき、習い、自分の頭で考えて行動し、小さな改善を繰り返すことによって仕事の効率性、生産性を徹底的に求めます。そして残業などせず、食事や適度の運動にも配慮して、体力を高レベルに維持します。さらには気力を充実させるためにも私生活を楽しみ、そうやって仕事全体のパフォーマンスの「伸びしろ」を広げていくのです。

また、仕事ができる人は、徹底的な「フォロワーシップ」を身につけています。

フォロワーシップとは、会社からの命令や指示をつねに自分の力で最後までやり切ることができる、ということです。

そして、そういった実力を持っている人は、自分が会社という組織の一端を確かに担っているのだ、という強い意識を間違いなく持っています。したがって、個人プレーに走ることはないし、上司へのゴマスリに精を出すこともありません。私が「与件」と呼んでいる、**「自らに与えられた条件」の中で、つねに自分のパフォーマンスを最大限に発揮することだけに集中し、くじけることなく突破口を切り開いていく**のです。

さらに、**仕事ができる人は、日々の仕事の中で、人の上に立つための資質や器量を育てていきます。**チームの一員としてみんなと目標を共有し、その目標を達成するために自分の役割をまっとうしていく中で、「組織」というものの動きやルール、道理を習い、人の上に立つにふさわしい分析力、常識力、判断力を鍛えていきます。そして、頭角を現していくのです。

本書でこれから述べていくことは、私が長年のビジネス人生の中で培った、**いい仕事をするための「原理原則」**であり、また、トリンプ・インターナショナル・ジャパンという会社において、一九年間経営者として数多くの社員たちを見てきてわかった、**仕事ができる人の「絶対条件」**でもあります。

若いビジネスパーソンはもちろん、管理職から経営者まで、これからの日本を担っていくすべてのビジネスパーソンたちが、よりよい仕事、よりよい人生を実現するためのヒントやきっかけになることを願っています。

吉越浩一郎

目次

1章

〈確実に成長する力〉

「一%の成長」にも貪欲になる

2章

〈最後までやり抜く力〉

徹底して、「結果」にこだわる

3章

プロフェッショナルの自覚を持つ

〈頭角を現す力〉

4章

〈逆境を乗り越える力〉

「自分の役割」をまっとうせよ

5章

「選ばれる人間」の絶対条件

〈人の上に立つ力〉

本文DTP／株式会社 Sun Fuerza

1章

〈確実に成長する力〉

「一%の成長」にも貪欲になる

principle

1

職場にライバルはいらない

「ライバル」とは元来「敵」のことです。

日本で「ライバル」というと「好敵手」、つまり実力が拮抗しているフレンドリーな競争相手という意味で使われ、切磋琢磨することでお互いが成長できる存在だというプラスのイメージがあります。

しかし、rival（ライバル）という英語には、本来そうした含みはありません。あくまで「敵対関係」を意味します。

何がいいたいかというと、基本的に世の中は競争で成り立っているということです。政治も経済も学問もスポーツも、みんなで手をつないで横並びに進んでいきましょう、などということは原則ありえません。

そして、競争における「ライバル」とは、あくまで「敵」なのです。

「ライバル」と自分の間にあるのは、勝つか負けるか、それだけです。競争ですから、目的はあくまで「相手に勝つ」ことにあります。

もし、あなたが格闘技の選手なら、必然的に相手は「敵」です。正々堂々戦って、相手を負かすことだけが、「勝つ」というあなたの目的を達する唯一の道になります。

では、マラソン選手ならどうでしょうか。

目的は当然、他の選手たちの誰よりも速く走り、優勝することです。

そのために選手は他の選手と競いながら、前半どのくらいの順位をキープするか、後半どこでスパートをかければ相手のペースを乱せるか、駆け引きをします。

ただし、それは「自分の思い通りの走り」ができてこその話です。

目標タイムを達成するために、一キロメートルを何分で走るのか、ペース配分はどうするのか。苦しい中でも決してあきらめずに、腕時計でタイムを確認しながら自分が理想とする走りをすることが、駆け引きに勝つための前提条件といえます。

そう考えると、相手と競いながらも、**根本的には「自分自身との戦い」**です。自分の中にある「弱気な自分」や、「あきらめそうになる自分」に決して負けない――それこそが、本当に意識すべき「戦い」なのです。

「社内にライバルをつくれ」「同期はライバルと思え」などと、まことしやかにいう人がいますが、これを真に受けるべきではありません。

何度もいいますが、ライバルは「敵」なのです。敵は倒さなければいけないし、敵もこちらを倒そうとします。職場にそんな「敵」がいたらどうでしょうか。つねに「敵」のことを意識して、ときには足の引っ張り合いをしながら、いい仕事ができるでしょうか。

会社という組織の中で、社員たちは一つの目標に向かって、同じ方向に全員で走っていかなければなりません。会社をいい方向に向かわせるために、足並みをそろえて、みんなで一つの大きなゴールに到達するために努力しなければなりません。**職場の人間は「敵」ではなく無条件に「仲間」なのです。**会社が目指す目標に向かってともに歩んでいく仲間です。

もちろん仕事の結果として、成績や能力によって出世に差が出てくることはいうまでもありません。しかし、それは会社が評価することであり仕方のないこと。そ

振り回されることなく、「自分が成すべきことを成す人」は確実に伸びて

principle

2

徹底的に、自分に「勝ちぐせ」をつける

前項で述べたように、職場にライバルはいりません。

仕事においての「敵」は、「自分自身」です。

最大の敵は己にあり。自分のやるべき仕事をあきらめずにやり切れるか。より高い成果、高い目標を達成できるか。すべて自分との戦いです。

確固たる目標を持っていても、達成するまでにあきらめてしまう人間が大部分です。会社で何か新しいことを始めようとすると、一つの変化によって他の部分でも今までのやり方が通用しなくなったり、その不満などから抵抗勢力が出てきたり、さまざまな問題が次々に出てきます。それらをすべて解決する前に、挫折してしまう人が圧倒的に多いのです。

大きな目標を達成するためには、そこに至るまでにクリアすべき小さな目標や、解決すべき問題が山積しています。これらは「マイルストーン」です。

マイルストーンとは、プロジェクトマネジメントにおいて使われる用語で、プロジェクトのスケジュール上の「ある時点」のこと。そこで進捗状況と品質をチェックして、範囲やスペックから外れてしまった部分を検証し直します。大きな目標達成までにマイルストーンをいくつも置いて、チェックと修正を繰り返すことで、最終的に期限内に結果を出せるようにするのです。

たとえば、顧客を納得させるプレゼンテーションを行なうために、データの収集をいつまでに終わらせるか、資料作成をいつまでに行なうかなど、すべての準備作業に「デッドライン」を設定して一つずつクリアしていく。これもマイルストーンであり、その積み重ねのうえにしか成功は存在しないのです。

ライバルの存在が「負けたくない」という意識を強め、それがあきらめずに頑張る原動力になる、と考える人もいるかもしれません。

しかし、それは間違っています。**頑張り続ける原動力は、「自分自身の中」に見つけてください。**頑張る理由を他人に置こうとする人は、いざうまくいかなかったとき、失敗の原因を他人になすりつけようとする傾向があります。自分の間違いや問題点を直視しません。失敗したり、周りから反対されたりすると、「自分は正しくて、相手が間違っている」と考えます。

こういう人は、たとえば同僚や他部門に配慮せず、自分の利益や成績だけを追求するような仕事の仕方をします。いわゆる「全体最適」より「部分最適」を優先するのです。

また、「不景気だから成績が悪くても仕方がない」などと「与件」、つまり自分では変えようがない周りの状況を、うまくいかない言い訳に使ったりしがちです。

「与件」とは文字通り「その人に与えられた条件」のこと。あなたの周りに理解のない上司がいることや、あなたが進めているプロジェクトの予算に限りがあることを嘆いても、自分ではどうしようもないわけです。その**「与件」があるうえで求められた結果をきちんと出すことが、あなたの仕事**なのです。

大きな目標を達成するための小さな目標をマイルストーンとして設定し、一つずつ確実にクリアしていくことで「自分自身との戦い」に勝つことができます。結果として、同僚よりもいい成果を出し、周りや会社にも認められていくはずです。

自分のライバルは、自分自身。だから、他人を出し抜くためでなく、自分に打ち勝つための努力と工夫を怠らない――。

それが成長し続ける人の仕事の原理原則なのです。

principle

3

一に体力、二に気力、三に能力

試合前のアスリートは、モチベーションを上げるために音楽を聴いたり、パワーを十分に引き出すために体のエネルギーを燃焼させる食事を摂ったりと、本番直前まで「準備」を徹底します。

ビジネスパーソンである私たちも、アスリートと同じくらいの覚悟でもって、万全の態勢を整えてから仕事に臨むべきでしょう。

睡眠不足で朝からウトウトしている。前日までの疲れが抜けず朝からクタクタになっている。こんな状況に身に覚えがある人は、要注意です。

私がトリンプで働いていた当時お世話になった、裁判で負けなしの弁護士がいます。キャリアも長く、たいていの案件は過去に似たような経験があり、すでにそれなりの準備ができているにもかかわらず、彼はすべての裁判において、法廷が開かれる前の晩まで徹底した準備をします。案件についてはどんなに些細な疑問も残すことなく、一から一〇まで調べあげ、事細かに確認し直します。

相手の出方、こちらの弱点などあらゆる可能性を探し出し、一つ残らず解決策を準備する。これだけのことをやったのだから、どんな方向から話が降ってこようが怖いものなど何もない――。

徹底的に準備することで、「自信」が自然と生まれてくるのです。自信があるからこそ、法廷でもつねに平常心で、悠然としていられます。ありとあらゆる質問に、淀みなく答えることができます。だから彼は、負け知らずの弁護士なのです。最後まで徹底的に相手をさせられる会社のスタッフは悲鳴をあげることになりますが、毎回ちゃんと見事に勝つので文句などいいようもないのです。

さて、ビジネスパーソンであるあなたには、仕事に対する「自信」があるでしょうか。あなたが新入社員であれば、まだまだ不安ばかりかもしれません。しかし、ある程度の経験を積めば、仕事に対する自信は自然と身についていくものです。

むしろ**あなたが失っているのは、「体力」「気力」ではないでしょうか？**

たとえ能力に秀でている人でも、体力と気力が充実していなければ、本来の力を発揮できません。どんな天才も、二日も徹夜すれば頭の働きは凡人レベルになるでしょう。三九度の熱を出せば、凡人以下かもしれません。

忘れてならないのは、**会社はあなたの「能力」に対して給料を払っているという**ことです。つまり、「睡眠不足で集中できない」「飲みすぎで頭が働かない」「疲れがたまっていて能率が上がらない」などという言い訳をすることは、ビジネスパーソンとして許されないことなのです。「給料をもらう資格はありません」と自白しているようなものです。

あなたの「能力」を支える「体力」と「気力」は、あなた自身が責任を持って準備しておかねばなりません。

基本は、寝ることです。いい朝が迎えられる人は、体も心も「いい仕事」をするための準備がきちんと整っています。過不足なく必要な分だけしっかり寝て、すっきり目覚める。この習慣が身についている人は、自分の能力を思う存分発揮し、確実に伸びていける人です。

principle

4

最高に優秀な〝歯車〟になる

優れた人の真似をする――。これは、仕事力を高める最善の方法です。もっとも「真似するならこの人だ」と確信できる人は、なかなか身近には見つからないものです。

「この人だ」と思う著者の本を読み、その人を真似ても限度があります。なぜなら、本から学べることは、著者が自身の経験をもとに体系立てた基本的な考え方やテクニックにとどまります。その考え方を応用したり、テクニックを活用したりして、仕事力を高めるためには、自らの経験を通して習っていくしかないのです。

これまで世界でもっとも成功したビジネスパーソンというと、スティーブ・ジョブズの名前を思い浮かべる人は多いでしょう。彼は大学を中退して興したアップルという会社を、創業者でありながら後に追われてしまいます。しかし、その後もいくつかの起業で成功を収め、アップルに復帰して、会社をさらに躍進させました。みなさんもご存じの通りです。

一方で、相当なワンマンだったという話もあり、人間性に多少の問題があったことは否めないようです。

象徴的なエピソードとして、つきあっていた女性に子どもができたとき、「自分は彼女と結婚すべきか?」と周りに聞いたというのですから、一度は会社を追われただけの理由が、彼には確かにあったのでしょう。

ジョブズのような成功例は、例外中の例外です。

ビジネスパーソンが、彼についての本をむさぼり読んで、彼を真似て、彼のやり方を自分のものにするのは不可能だといっていいでしょう。

では一体、何から学べばいいのか?

出来上がった「組織」に身を置いて、「組織」から学ぶことが一番正しいのです。

『ウエスト・ポイント流 最強の指導力』(三笠書房刊)の中で、著者のL・R・ドニソーンはこういっています。

長年にわたるウエスト・ポイントの伝統のおかげで、士官候補生は次のように真剣に聞く習慣を身につけさせられる。新入生が上級生や将校に質問されたとき、許される答えの選択肢は四つだけに限られている。それ以外の言葉を口にすれば、たちどころにこんな質問が飛んでくる。「君、君の四つの返答は何と何だったかね？」。その問いに対する答えはただ一つである。「はい、私の答えは『はい』『いいえ』『申し訳ありません』『わかりません』です」。新入生がいっていいとされているのは、これがすべてなのだ。

ウエスト・ポイントは、世界最強といわれるアメリカの陸軍士官学校で、二〇〇年の歴史を誇ります。マッカーサーやアイゼンハワー、財界ではコカ・コーラ社など大企業の経営責任者を数多く輩出しています。

ウエスト・ポイントに集まるのは、優秀で自信に溢れた、未来のリーダーと目される学生たちばかりです。

しかし、そこで彼らが何よりもまず徹底的に叩き込まれるのは、上司に従い、上司の指示を完璧に遂行することなのです。

それを「前時代的だ」と思ったのなら、あなたは「フォロワーシップ」の重要性をまったく理解していません。

フォロワーシップとは何か？　同書にはこうあります。

フォロワーシップがリーダーシップの始まりなら、フォロワーシップの始まりは〝ゼロ〟に戻ることである。つまり自分が何も知らないことを自覚し、より大きな存在へと鍛え直される可能性に向けて心を開くことだ。

具体的にいうと、**部下は上司の指示を間違いなくクリアすることが求められ、失敗した場合、いかなる理由があっても言い訳は許されません。**そうして自分を「無」にし、「私心」を排したところから、より価値ある自分への成長が始まるのです。

単に指示待ち人間をつくるだけではないか？

オリジナリティが育たない？

確かに最近は「自分らしさ」とか「オリジナリティ」といった言葉がもてはやされる傾向がありますが、少なくとも新入社員や若手社員にそんなものはまったく必要ありません。

何よりもまず「フォロワーシップ」を身につけるべきです。

フォロワー、つまり部下の仕事は、「上司の命令を完全にやり切る」ことです。

そして、それを最後まで自分の力でやり切ることです。

私心を排し、会社を動かす歯車の一つとして、完璧に役割を全うする――。

そうしてフォロワーシップを学ぶうちに、社員の中には、自分が会社という組織の一端を確かに担っているのだという実感が湧いてきます。

自分が会社を支えている――。この意識がある人は、会社の期待や要求を無視して、個人的な利益を上げることを優先したり、上司の評価ばかり気にしてゴマスリに精を出したりするようなことは決してしないのです。

たとえ不公平に思える出来事が身に起こったとしても、くじけることなく、不公平な条件下で最大限に最高のものをつくり上げていく――。フォロワーシップを身につけた人は、いかなる状況でも〝突破口〟を切り開いていくことができるようになります。

principle

5

つねに「全体の利益」を追求する

あなたの周りには、ときに厳しく批判をしてくれたり、忠告をしてくれたりする人がいるでしょうか。

同僚なり、友人なり、忠告をくれる人の言葉には、真心がこもっています。ですから、どんな言葉であっても、たとえ反論したくなっても、忠告に対してはまずは一歩下がって譲歩したうえで、それを受け取るべきです。

ただし、ここからが重要です。

その「忠告に従うかどうか」の判断は、また別の話です。それを天の声、あるいは救いの女神として、盲目的に従うようではいけません。

周りが何といおうと、物事に直接取り組んでいるのは、あくまで自分自身です。忠告されたことによって、自分の判断に迷ったり、気弱になったりしているようでは元も子もないのです。

仕事がうまくいかないときほど、忠告やアドバイスに「依存」したくなります。わらにもすがる思いで、とにかくそれで問題が解決すると信じたくなります。

ところが、そうして依存してしまう人は、結果が失敗に終わると、忠告をくれた相手に責任をなすりつけようとすることも珍しくありません。「忠告に従う」と自分が判断したにもかかわらずです。

どんな経緯があれ、自分の仕事は自己責任です。行き詰まっているときの忠告は、いつも以上に検討を重ねたうえで判断するように自制する必要があります。

逆に、物事がうまく回っているときに受ける忠告には、素直に耳を傾ける努力をしてください。往々にして、仕事がうまくいっていると人は傲慢になり、増長し、人の話に対して聞く耳を持たなくなるものです。自分の力を過信して、周りが見えなくなっています。

そういうときこそ忠告してくれる相手を大切にしましょう。このことは心に留めておいてください。彼らは私心なく、あなたのことを考えてくれているはずです。

もちろん、それに従うかどうかを最終的に判断するのはあなたであることに変わりはありませんが、自分自身の仕事を客観的に見つめ直す、いいきっかけとなる可能性もあります。

忠告には耳を傾け、じっくり考えてから、自分の責任で判断する――。

それができれば、さらに仕事はうまく回り始めます。

ちなみに、何か新しいことを始めようとするときは、「忠告の嵐」が起こるものです。とくに、抵抗勢力からの「忠告」という名の「反発」は、あの手この手で押し寄せてきます。

その勢いと数の多さにひるむこともあるかもしれません。

大いに悩み、迷うこともあるでしょう。

そんなとき、一体どうすることが正しいのでしょうか。

どう判断すればいいのでしょうか。


私も、ある忠告に従うべきか、従わざるべきか、悩んだことがありました。

香港にあったトリンプの統轄会社に入社して、三年間の勤務を終え日本のトリンプの副社長に就任したばかりのころです。当時、日本のトリンプは一〇年近くも赤字続きで、部門間のコミュニケーションは皆無の状態でした。エントランスに敷かれたカーペットには穴があき、それを修繕するお金さえなかったのです。

私は朝七時半に出社し、夜七時半まで働きました。休憩は、昼食にソバをかき込む一〇分間だけです。毎日一二時間労働を自分に課しながら会社のシステムを次々と変えていきました。

まずは、徹底して仕事の現場の状況を洗い出したうえで、「トップダウン」の構造を社員に叩き込みました。また「早朝会議」を導入し、部下が自分で考え、行動することになる「デッドライン」を導入するなど、それは厳しく物事を進めていきました。

そして、何事も中途半端にはしませんでした。とにかく徹底的に行なったため、周りからは不平不満の嵐が巻き起こりました。

その最中、スイス本社のオーナーが、

「お前は厳しすぎる。もっと部下のいうことに耳を傾けろ」

と忠告してきたのです。おそらく、社員からの反発・不満が伝わったのでしょう。

とりあえずは「わかりました」と返事をしましたが、悩み、考えた末に、私はその忠告に従わなかったのです。

今でもその判断は間違いではなかったと思っています。

なぜなら、私は、そのとき傲慢になる余裕は一切ありませんでしたし、私心を排して、会社のことだけを考え、絶対的に会社のためになることをやらなければならないという意識をつねに持っていたからです。オーナーの言葉をきっかけに客観的に自分を見つめ、自分のあり方、考え方に改めて自信を持つことができたので、自分のやり方を信じようと決めました。

厳しく当たった当時の部下には今でも申し訳なく思うこともありますが、部下に好かれるために仕事をしていたわけではありません。会社をよい方向に導き、利益を生むために必要なことだけに集中したのです。

自分は会社のために正しいことをしているか――。

それが正しい判断の基準です。

正しいことを続けていれば、必ず結果が出ます。

結果が出れば、自分の判断が正しかったことが証明されます。

そのときまで自分を信じて、努力し続けることが大切なのです。

principle

6

自分はいつだって「当事者」である

人はともすると、「傍観者」であろうとしがちです。傍観者とは、文字通りそばに立って見ているだけの人です。権限もない代わりに、苦しむことも、責任もない。しかし、口は出せます。つまり、とてもラクな立場です。

人間は、油断しているとすぐに自分を甘やかし、ラクなほうへと流れるもの。だからこそ、自分で自分を戒めてください。

あなたはつねに「当事者」であるべきです。

当事者であるからには、自ら「現場」に入り込み、そこで何が起きているのか十分理解したうえで、リーダーであれば全責任を負って指示・命令を出していくべきです。また担当者であれば、リーダーの指示・命令に従いながら、完全にそれを履行して実行し、実現する必要があります。

近年、「ＥＲＰ」といわれるコンピューターの総合型ソフトウエアを導入する会社が増えています。生産から販売、在庫、物流、会計、人事などあらゆる経営資源を統合的に管理するもので、社内全体がより効率よく回るように設計されています。

しかし、このソフトが導入されるということは、それまで各部門が独自に地道に構築してきたシステムを、まるごと変えるということです。仕事がやりやすいように何年もかけて練り上げてきたものを捨てなければなりません。

新ソフト自体でやれることのベースはすでに決まっています。一部は変えられますが、たとえば報告書やデータ収集について、今までとまったく同じ処理の仕方ができるわけではない。そうなると、たいていの場合、社員たちは不満を爆発させます。今まで通りにできないソフトをなぜ導入する必要があるのか。一体誰が導入を決めたんだ。こうなるわけです。

ここで問題なのは、たとえば営業部門を例にとると、営業の人間は新ソフトで何ができて、何ができないのかわかりません。そもそも反発心があるのでそれを理解しようともしません。

逆に、ソフトを改変する側は、それが外部のベンダーであれ、社内のＩＴ部門であれ、営業の現実がわかっていません。十分な協力を得られず、十分な理解がないまま改変するので、当然、営業側を納得させられるようなものは提案できません。そうこうしているうちに導入開始の期日は迫るし、コスト的な縛りもあるため、どこかで線引きする必要があるわけです。

新しいソフトで何ができるかわからない。それなのに、不満でいっぱいの営業部門は「傍観者」を決め込みます。「要求」はするけれども、「協力」はしません。自分たちがソフトの導入を望んだわけではない、決めた人間が何とか対処すべき、というスタンスなのです。結局、準備が不十分なまま利用開始となってしまいます。

出来上がったソフトを実際に動かして、クレームを次々出しても後の祭り。

もし営業部門の人間が「当事者意識」を持って、新しいソフトの導入に積極的にかかわることができていたら、結果は違ったでしょう。ソフトのベースそのものは変えられなくとも、何とか今までと同じかたちのデータ処理ができるような運用法を一緒になって模索すべきだったのです。

たとえ反発はあっても、「会社がやる」と決めたことには「当事者」として積極的にかかわっていくべきです。そして、自分の仕事にとっていい方向に働くように調整しなければなりません。

傍観者に甘んじれば、最後に泣くのはあなた自身なのです。

principle

7

「自分で結論まで持っていく」力をつける

上司というのは、理屈っぽいと煙たがられるものです。「理屈っぽい人」というと、理論にかたよっている、融通が利かない、屁理屈をこねる、といった悪い意味に日本では受け取られがちです。「理屈」という言葉はもともと「道理に合う合わない」というときの「道理」にあたる「筋の通った論理」という意味なのですが、日本人はその理屈、いわゆる論理的思考の展開がどうもうまくできないのです。

そもそも日本人は、物事を感覚的に捉え、それに基づき答えを出していこうとするので、理詰めに弱いのです。論理立てて話すより、感情に流されがちです。また、そのほうが相手の共感も得やすいのです。

たとえば「桜の花が満開になりました」といった季節の風物詩が、ニュースとしてテレビで放送されるのを当たり前に受け取る感覚は日本人独特のもの。海外のニュース番組などでは見られません。

論理より感情が優先される日本社会のあり方は、個人の考え方や思考にも大きな影響を与えています。たとえば「なぜお寿司をよく食べるのですか」と聞けば、日本人は感情を表現して「大好きだからです」と答えます。しかし、一般的な外国人ならその味をとりあげて「おいしいからです」と表現するのです。

日本人が論理立てて考えるのが苦手な原因は、教育にもあります。私たちが学校で学ぶのは一つの解を求める方法ばかりですが、明確な解が存在する問題など、世の中にはほんの一握りです。フランス人である私の妻は、何十年も前、母国で受けたバカロレアという大学入学資格試験で、

「どうして動物は言葉を話さないのか」

という問題が出題されたといいます。正解のない問題です。**正解はないけれど、自分なりに「この結論に持っていく」**という目標を定め、事例や事実、引用などを用いて、結論へ到達するまでのロジックを組み立てて答えるわけです。

欧米では、このようにロジカルに物事を考え、ロジカルに思考を積み重ねる教育が、子どものころからなされています。一方、日本人はそういった教育を受けていないため、論理立てて考えることを苦手としているのです。

これがビジネスにおいて問題となるのは、**仕事にも、究極的なたった一つの答えなど存在しない**からです。

とはいえ、論理的な思考を展開することは、そう難しいことではありません。「WHY」、つまり「なぜ」を徹底的に繰り返せばいいのです。

なぜそうすべきだったのか、なぜ必要だったのか、一つひとつ「なぜ」を積み重ねていくと、その結果、すべての事柄が論理の積み重ねであるとわかるはずです。**自分自身に日々、「なぜ」という疑問を突きつけ、すべてに答えられるようにすることで、ロジックを組み立てていく習慣を意識的に身につけてください。**

また、仮に上司がロジック重視のタイプであれば、部下がきちんとロジックで詰めてきた案件については、NOといわないし、納得して応援してくれるのです。

上司は、たとえその計画の難易度が高く実行が難しいように思えたり、非効率だったり、もっと簡単なやり方があったとしても、部下が自分でやりたいという意志を持ってロジックを組み立てたのなら、任せたほうがいいのです。

そうすることで、部下は試行錯誤しながら小さな失敗を重ねつつ、自分で習って成長していくことを、できる上司はわかっています。こう考えると、道理が通れば認めてくれる論理重視の上司の下のほうが、働きやすいと思いませんか？

principle

8

「出る杭になれ。出ない杭は土の中で腐る」

組織というものは「誰がトップに立つか」で業績が大きく変わります。

ですから海外の企業では、業績が悪ければトップは即クビを切られます。私も外資系企業の雇われ社長を経験していますから、そのシビアさはつねに肌で感じてきました。

もっとも日本企業では、業績不振でも居座り続けるトップは少なくありませんが、グローバル化が進む世間の流れの中にあって、そうした甘さも今後は変わっていかざるを得ないでしょう。

世界でもっとも成功した経営者といえば、先にも挙げましたが、スティーブ・ジョブズを思い浮かべる人は多いのではないでしょうか。一時は業績不振となったアップル社でしたが、ジョブズはｉＭａｃやｉＰｏｄ、ｉＰｈｏｎｅなどまったく新しい製品を世に送り出すことで、目覚ましい業績を出すことができたのです。

ジョブズの人生には、少なからぬ苦難がありましたが、彼は決して途中であきらめることなく、最後までやり遂げ、結果を出しました。

彼は、ライバルでさえも惹きつけてしまうカリスマ的な魅力で知られる一方、完壁主義者で、こだわりが強く、ときに辛辣な物言いをすることで、周りと衝突することも多かったといいます。

それでもジョブズが成功したのは、製品に対する革新的な考え方を、徹底的に追求したからでしょう。


新しいことを始めようとすると、必ず「抵抗勢力」が顔を出します。


「前例がない」

「時期尚早だ」

「経験も浅いのに」

そう反対する人が出てきます。

それらを粉砕して進んでいくくらいの「勢い」と、あきらめずにやり遂げる強い「意志」を持つ人だけが、何事かを成せるのです。

「出る杭は打たれる」

という諺《ことわざ》があります。

確かに、何事かに抜きん出ている人や、新しいことに挑戦しようとする人ほど、人から恨まれたり、反対されたり、押さえつけられたりしがちです。

では、「出る杭」になってはいけないのか。なるべく目立たないように周りに遠慮しながら仕事をするべきなのか――。

もちろん、それでいいわけがありません。

打たれても、打たれても、あきらめずに「何度も出ていく杭になる」。

相手のほうが打つのをあきらめて、自分の実力を認めるまで何度も出ていく。

そのくらいの「気概」と「気合い」を持ってやれる人は、打たれることで鍛えられていきます。どんどん太い杭へと成長し、打っても、打っても、そうやすやすとは引っ込まないような強い人間に育っていくことができます。

ただし、間違えてはいけないのは、会社というのは、目的とする一つの方向へ社員が一丸となって働き知恵と能力を出し切って所定の実績を出すべく努力する場である、という基本を忘れないことです。

つまり、ここでいう**「出る杭」とは、他の社員と同じ御輿を担いでいる一員でありながら、人一倍大きな掛け声をあげたり、誰よりも率先して前へ進もうと力を振**

り絞ったりする、自分に厳しい人のことです。自分のやり方や考えにこだわるあまり、会社の方針に従わず、担ぐべき御輿をなげうって、別の御輿を担ごうとするような人のことではありません。

なかには、担いでいるふりだけで、実際には肩に御輿を乗せていないような人もいるでしょう。汗一つかくこともなく、自分の怠慢をごまかせているつもりになっていますが、そううまくはいかないものです。必ず誰かが気づいています。

こういう自分に甘い人間は、いわゆる「出ない杭」であり、打たれるのを嫌ってほんのちょっとも出ようとしませんから、成長できません。結果も出せず、認められることもなく、土の中で次第に腐っていきます。

一度NOといわれただけで、すぐにあきらめる。
ミスをしても自分の非を認めない。
他人に責任を押しつける。
周りの意見やアドバイスを素直に聞かない。
自分で判断して行動を起こせない。

そういう人は、腐った杭になりかけています。

「実力」というのは、自分にできる最善の方法は何かを判断し、実行に移して、成功に持ち込むまで、あきらめない力のことです。

相手のほうが打つのをあきらめて、あなたの「実力」を認めたとき、あなたは大きく成長しているでしょう。

ただし、伸びればまた別の誰かに打たれます。課長が打つのをあきらめても、次は部長が打ってくるし、部長があきらめても、さらに上の人間が打ってくるかもしれません。

そうして**打たれても、打たれても、何度でも伸びてくる。**

それが突破力のある、頭角を現す人なのです。

principle

9

仕事は本来「気が重い」もの

「今日は仕事を完璧に成し遂げて、大満足だ。だから、足取りも軽く家に帰ることができる」

「今日は最高の結果を出すことができた。自分はこの日のためにずっと頑張ってきたんだ」

私の長年のビジネス人生を振り返って考えてみても、そんな日は一日としてありませんでした。

たとえば、柔道の選手が四年に一度しか開かれないオリンピックに出場し、決勝戦まで勝ち進んで、巴投げという大技を見事に決めて奇跡のような一本勝ちをした日には、まさに申し分のない大満足の一日になるでしょう。

しかし、仕事はそうはいきません。

仕事に区切りなどないからです。

仕事は連続して絶え間なく続くものです。

だから、努力するのに十分ということはないのです。

「成し遂げた」と感じるのは、一つの仕事がうまくいった直後のほんの一瞬です。

その次の瞬間には、さらに頂《いただき》の高い別の仕事が控えていることに気づきます。それを考えると、むしろ気が重くなってしまうくらいです。

しかし、仕事とは本来そういうものです。

あるとき、業界の会合でワコールの創業者である塚本幸一氏にお会いしました。そのとき塚本氏は、私にこうおっしゃいました。

「会社の経営とは鳥みたいなもの。
つねに羽ばたき飛んでいなければいけない。
少しでも羽ばたくのをやめると、すぐに落ちていくのだ」

まさにその通りだと思います。

たとえば、あなたが一生懸命努力し、何カ月も走りまわった結果、主だったメンバーの合意を得て、「早朝会議」を会社に導入することが決まりました。

ようやく一息ついて、羽根を休めることができそうですか？

いいえ、そうはいきません。

「明日から毎日、早朝会議のために、定時の九時ではなく八時に出勤してください」といわれて、社員が素直に「わかりました」と従うわけがないのです。

いざ一回目の早朝会議を開いてみたら、反発もあってか遅刻者が続出。不満があちこちから聞かれ、なかには早朝勤務の特別手当を要求してくる人まで出てきました。

そこで、あなたはまた走りまわり、周りを説得し、協力を仰いだ結果、手当を払う必要のない課長以上の人たちで早朝会議を行なうことになりました。

会社を担うリーダーたちが参加者です。

平社員に比べれば、当然意識も高いはずです。

今度こそやっと一息つけるでしょうか？

まさか、そんなわけがありません。参加者たちは不満タラタラです。全員が遅刻もなく出席し、本当に実のある会議ができるようになり、早朝会議が会社をリードしているという感覚を共有できるようになるまで、一体いくつの障害が立ちふさがり、どれだけの時間がかかることでしょう。

そしてたいていの場合、そこに至る前に早朝会議をやめてしまうのです。

私がトリンプの社長を務めていたとき、早朝会議を軌道に乗せるまでにまるまる一年はかかりました。

また、トリンプの早朝会議を見て習いたいという希望が多かったため、会議をオープンにしていたこともあり、一〇〇〇人以上のあらゆる業種の会社の方たちが早朝会議の見学に訪れました。しかし、私の知る限り、早朝会議が実際に導入された例はほんの数えるほどしかありません。

やり遂げられなかった数々の会社は、おそらくどこかの段階で一息つき、羽根を休めていたところで、抵抗勢力に押し切られてしまったのでしょう。

なかには、「我が社では毎日は無理だろうから、まずは週一回、月曜日だけで始めてみよう」などと、日数を減らしての導入を最初に決めた会社もあったようです。しかし、一度「週一回」と決めてしまうと、それ以降に一回でも会議を増やすことは大変難しくなります。

その結果、毎日の早朝会議を行なっている会社と比べると、週一回しか会議をしない会社は、単純に計算して、仕事の処理スピードが実に五倍も遅くなるのです。

週一回しか早朝会議が行なわれない場合、会議で何らかの課題が出ても、多くの場合その解決策の協議は最短でも一週間後に持ち越されることになります。一方、毎日早朝会議を行なっていれば、課題があがった翌日には解決へと進み出せるわけです。

この点だけとっても、早朝会議を毎日行なう会社と、週一回しか行なわない会社では、仕事の「徹底度」、「スピード」という点において雲泥の差が出てしまうことはいうまでもありません。

「どこかで一息つきたい」

そんな甘い期待をしてしまうから、一息つくヒマもない目の前の現実にくじけてしまうことになるのです。繰り返しますが、仕事というものは連続していくものであり、絶え間なく続くものなのです。

principle

10

人に笑われるくらいのアイデアを語る

あなたの夢は何ですか。

こんなことができたらいいな、と思うあなたの夢を語ってみてください。

実現できないかもしれない？

それでいいのです。日本電産の創業者である永守重信氏もこういっています。

「その時点では実現不可能なことをまずいってみる」

そこに到達できる可能性や道程を考えるのは、夢そのものを具体的に思い描いて、語れるようになってからでも遅くありません。人に「そんなことできるの？」といわれてしまうような夢であっても構いませんから、まずは「これが自分の夢だ」と胸を張っていえるものを、具体的に示すことが大切なのです。

私の過去を振り返ってみると、若いときから「大学に入学したら留学する」「四〇歳で社長になる」とつねに語っていました。だからといって、具体的な道筋が見えていたわけではありません。試行錯誤し、努力して、結果的に目標から五年遅れの四五歳での社長就任ではありましたが、どちらの夢も実現できました。

そして夢の実現が私の人生に大きな影響を与えたことはいうまでもありません。

夢を持つことの力。これをビジネスにも生かしてください。**そこに至る道筋はまだ見えていなくとも、自分は、あるいは会社はこの夢を、この目標を目指しているという具体的な形を示す。**それができれば、あなたの周りにいる人や、商品を買ってくれるお客さんもその夢を共有することができます。

世界最大級のガラス製品メーカーであるコーニングは、彼らが目指す夢を映像で発信しています。試しにＹｏｕＴｕｂｅで「コーニング」と検索してみてください。そこには、コーニングが目指す、ガラスとテクノロジーが組み合わさることで実現可能になるであろう未来の世界が描かれています。

今はまだ無理かもしれないけれど、いつか本当にそうなるんじゃないだろうか――。見れば誰もがそんなふうに胸を躍らせずにはいられない夢が、そこに形となっています。今の日本の電機業界に欠けているのは、この部分ではないかと私は勝手に思っています。

ビル・ゲイツはこういっています。

「自分が出したアイデアを、少なくとも一回は人に笑われるようでなければ、独創

的な発想をしているとはいえない」

夢やアイデアや目標は、そのくらい壮大であっていいのです。まず大きな夢や目標を具体的に設定してから、その方向へ一歩一歩努力していくという構図が、正しい「夢の追い方」です。方向を定めずただがむしゃらに頑張って、改善して、変化に対応していくだけでは、やり方は正しくとも成功には至りません。

まず大きな夢や目標を持ち、そのうえで先見性でもって進むべき方向を見定め、進む先にあるゴールをつねに念頭に置いて正しい方向に舵を切っていくことが重要なのです。

夢のないところには、成功もないのです。

夢を実現できない言い訳を探さないでください。実現できる根拠も必要ありません。あなたがこれから何を目指すのか、何を実現したいのか、可能な限り具体的に描き出すことが、あなたの夢の実現の第一歩となるのです。

principle

11

休日こそ いつもより早く起きる

「仕事」の対極にあるものは、何でしょう？
「休み」だと思いますか？　日本人なら大半がそう答えるでしょう。
しかし、ヨーロッパ人に聞いてみると違う答えが返ってきます。
誰もが「遊び」と答えるのです。

あなたは積極的に遊んでいるでしょうか。

休日に遊びに行く体力なんて残ってない。クタクタだから、寝ころんでテレビを見て過ごすのが精一杯……。それは、人生をまるごと仕事に捧げているようなものです。遊ぶ余力も残らないほど仕事で消耗していては、人生そのものを楽しく、面白く過ごすことはできません。

「積極的に遊ぶ」ことで、自分をメンテナンスできるのです。

どんな遊びでも構いません。スポーツを楽しんでもいいし、散歩に出かけるのもいいでしょう。公園のベンチで本を読むのもオススメです。映画館や水族館、美術館に足を運ぶのもいいでしょう。お寺や神社を巡ったり、山に登ったり、海に潜ったり、久しぶりに友人と会って遠出してみるのもいいでしょう。

では、私自身はサラリーマン時代に休日をどう過ごしていたかというと、実は「仕事のこと」を考えていました。お風呂に入りながら、もしくはソファでくつろぎながら、ときには仕事机を前にして、ただボーッと仕事に思いを馳せるのです。

次はこんなふうにやってみようか。いや待てよ、やっぱりこうしたほうがいいかも。でもそうなると、あっちがこうなるからな……。そんなふうに、ああでもないこうでもないと頭の中で考えていたものです。それが、私にとっては非常に楽しい「遊び」の一つでした。

もし、あせりや不安を抱えながら、明日からの仕事についてグルグル悩み続けるのであれば、それは自分を追い詰めるだけ。ただのワーカホリックです。でも私は違いました。楽しみながら考えていたので、むしろ最高のストレス解消になったのです。

私は「残業ゼロ」の信奉者であり、仕事に「デッドライン」を課して次々と処理していくことをモットーとしていました。「会社は徹底度で決まる」という信念の通り、やらなくてはならないことは山ほどありました。

それらを一〇分、一五分単位で片づけていくのが日常業務。要するに、日常の中にただただボーッと考える時間などつくれなかったのです。

しかし、考えたいことはたくさんありました。今進めている仕事を別の観点から考え直してみたい。新しい問題がないかじっくり検討したい。その「欲求」を満たしてくれるのが、休日のボーッと過ごす時間だったわけです。

週末はゆったり気分で思索にふける。これが実に楽しいのです。

リフレッシュの方法は人それぞれです。

ただ、万人に間違いなくいえることが一つ。**余暇が充実している人は、仕事も充実しています。体力回復のためだと休日はお昼まで寝ているなんて話になりません。**

むしろ休日こそいつもより早く起きて、積極的に遊んでほしいと思います。

2章

〈最後までやり抜く力〉

徹底して、「結果」にこだわる

principle

12

「あとで」「そのうち」を禁句にする

「何かをさせようと思ったら一番忙しいヤツにやらせろ。それが事を的確にすませる方法だ」

右はナポレオンの言葉ですが、今も昔も人の根本は何も変わらないことがうかがえます。会社でも、仕事ができる人のところに、仕事が集まるものです。

「あの人なら信頼できる」

「あの人に任せれば何とかしてくれる」

周りはそう思い、仕事ができる人と仕事をしたがります。

だから、仕事ができる人は、いつも忙しくしているのです。

もっとも、仕事ができない人も忙しくしています。少なくとも、本人は「自分は忙しい」と自負しています。しかし、両者の忙しさの度合いには、歴然とした差があります。

仕事ができる人は、仕事のありとあらゆることに対して素早く手を打ち、絶対に手抜きをしません。問題をすべてあぶり出し、すぐに判断して修正し、正しい方向へ軌道修正するために余念がありません。ですから、必然的に忙しくなります。

忙しいけれど、仕事はうまくいきます。結果を出すから周りから信頼されて、さらに仕事が、それも往々にしてさらにレベルの高い仕事が回ってきます。仕事が増えれば当然もっと忙しくなりますが、仕事のプロセスには手を抜かないので、やはり結果を出していきます。それも仕事の効率を上げる進化をしながらです。

仕事にこの「好循環」をつくり出せるのが、いわゆる「仕事ができる人」の仕事のやり方であり、「結果を出し続ける人」の共通点です。

一方、仕事ができない人は、そもそも問題点に気づくことができません。気づいたとしても、「まあ、いいか」「そのうち手を打とう」「もう少し考えてから」と後回しにしがちです。うじうじ考えるだけで、判断を重ねていかないのです。

それなのに、本人は十分に綿密な仕事をやり遂げている気になっていて、「忙しい」と信じ込んでいるのです。仕事ができる人と比べれば、仕事は粗く、何より「徹底度」が足りていません。

「徹底度」が低いから、「忙しい」というわりに、「結果」を出すことができないのです。結果が出なければ、当然、面白い、レベルの高い、本当に達成感のある仕事は任せてもらえません。それでも、本人は目の前の仕事だけで手一杯になり、やはり「忙しい」というのです。

あなたも、「自称忙しい人」になっていないでしょうか？　「忙しい」と愚痴をこぼす前に、自分は本当に忙しいのかもう一度見直してみてください。

ただし、見直す方法を間違えないこと。

「忙しさ＝働いた時間」ではないのです。

残業時間の長さで忙しさを確認しているようでは、「仕事ができる人」への道は険しいといわざるを得ません。

　本当の忙しさとは、いかに生産性を上げて効率的に働くかということであり、そのうえで「抱えている仕事の数」と「出した結果の数」がどれだけあるかで決まります。この世の中は競争で成り立っており、**ビジネスパーソンとして評価されるには、「一つでも多くの結果を出す」ことが唯一無二の道**です。

principle
13

失敗の中に「成長の種」を見つける

「成功する方法」というのは、実はとてもシンプルです。

成功するまでやれば成功する。

それだけのことです。

仕事というのは、最初から最後まで何事もなくスムーズに終わることなどありません。事前にどれだけ綿密な計画を立てても、現実の中でそれを実行し始めると、必ずあちらこちらにほころびが出てきます。

そうして問題が起こること自体は、まったく問題ではありません。その都度修正を加え、目指すべきゴールに向けて正しく軌道修正していけばいいだけのことです。その先には必ず成功があります。

肝心なのは、問題が起きたり、失敗したりした場合、そこからしっかり「習う」ことです。

失敗から習う大切さはよくいわれますが、これには二つのパターンがあります。

一つは、二度と同じ失敗を繰り返さないための「再発防止策」を考えること。

もう一つは、失敗を克服してうまく軌道修正ができた場合は、その経験から「このようなケースでは、こうすればうまくいく」という「問題解決策」を導き出し、しっかり頭に叩き込んでおくことです。そうすれば、以降、似たような失敗が起こったときに素早く対処することができます。

小さな失敗を乗り越える経験を積んだ数だけ、さまざまなパターンの「再発防止策」「問題解決策」が自分の中に蓄積していきます。それらは、誰からも教わることのできない、自身で習うことでしか手に入れられない貴重な財産です。

この財産が積み重なっていけば、たとえ急なトラブルに見舞われても、決してくじけることなく、自分の経験の中から最善の対処法を見つけ出せるようになります。

失敗の経験を、自分自身の実力に昇華させる――。それが、誰からも信頼される人間、仕事を任せてもらえる人間へと自分を成長させる秘訣です。

仕事をしていれば、屈辱的な言葉をかけられたり、きつい非難の言葉を浴びたりすることもあるでしょう。

営業へ行った先でけんもほろろに断られることもあります。些細な失敗をあげつらって、あなたを笑い者にする人だっているかもしれません。

ときには、相手の心ない言葉に、くじけそうになることもあるはず。

そんなときは、ちょっと見方を変えてみましょう。

いわれない侮蔑も非難も、あなたに対する「励まし」だと思えばいいのです。克服すべき試練を与えてくれている、と思うのです。克服した先には、必ず自分の成長が待っています。

仕事をするということは、「自分が設定した目標へ向かって進み、成功させる」というミッションを遂行中の状態だということです。

頼れるのは自分だけです。やり遂げられるのも自分だけであり、逆に途中であきらめてしまうことを決めるのも自分です。自分以外の誰かが、自分の仕事に対して「そのやり方は間違っている」「即刻やめるべき」と非難したとしても、続けるか、あきらめるかを最終的に判断するのは、自分以外の何者でもありません。

自分を信頼することが、成功するための第一歩なのです。

principle

14

数字にはとことんシビアになる

あなたが何事かを成し遂げたいのなら、「目標」を掲げることは絶対に欠かせません。ただし、目標のつくり方にもポイントがあります。

極力、「数字で追いかける目標」を立てることです。

今年の契約件数は、去年の「〇倍」を達成目標とする。

昨年よりも「〇パーセント」のコスト削減を目指す。

このように、目標は明確であればあるほど実現の可能性が高まります。目指すべきゴールが確実にわかっている――。成功するためにはそれが必須の条件です。

日本語というのは、日本人の感情的になりやすい国民性を反映するかのように、物事を曖昧《あいまい》にしてしまう言葉です。日本の契約書の内容や法律用語の解釈などでしばしば揉め事が起こりますが、それだけごまかしがきくということです。

日本では、明確な数字を目標として掲げると逃げ道がなくなるため、敬遠されがちです。しかし、**我々ビジネスパーソンは、あくまで明確かつ具体的な「数字」で目標を掲げ、それを何としてでも達成することが使命です。**その原理原則を忘れないでください。

目標を数字で表すことの重要さについては、誰もが納得せざるを得ないよいお手本がいます。日産自動車のCEOであるカルロス・ゴーン氏です。

ゴーン氏は、一九九九年、当時経営が危機的状況に陥っていた日産自動車へ乗り込み、目覚ましい勢いで改革を推し進めました。

そのとき掲げられた目標が「日産リバイバルプラン」です。

内容はというと、すべてにおいて「数字」が明確に打ち出されました。工場五カ所の閉鎖、国内の年間生産能力を二四〇万台から一六五万台へ削減、人員の二万一千人の削減、購買コストの二〇パーセント圧縮といった具合です。

結果的に、日産の業績は著しく向上しました。しかも予定より一年も早く目標が達成されてしまったのです。そこでゴーン氏は新たな中期計画「日産180」を打ち出します。これも先と同様、数字を明確にした目標ばかりでした。

二〇〇四年度末までに販売台数一〇〇万台増加、連結売上高営業利益率八パーセント達成、購買コストの一五パーセント削減、自動車事業実質有利子負債ゼロ。

二〇〇二年四月にスタートしたこの計画は、予定を大幅に短縮してその年度で達成され、約二兆円あった巨額の借金も二〇〇三年までには完済となり、ゴーン氏は就任後たったの四年で日産を生まれ変わらせたのです。

ゴーン氏の辣腕ぶりが世間に知られているのは、彼が「数字」でその目標を打ち出したことによって、実際に結果を出したことが誰の目にも明らかだったからでしょう。

数字で目標を立てるということは、結果の善し悪しも数字でわかるということです。もし失敗すれば、どんな言い訳もごまかしも通用しません。だから素直に反省する気持ちにもなれるし、再度失敗しないように試行錯誤し、努力することの必要性を自覚することもできます。

目標を「数字」に落とし込むことで、自分が何を目指しているのか他人にも具体的に思い描ける状況をつくり上げられるのが、何事かを成せる人なのです。

principle

15

「決断」を迫られる前に、「判断」を重ねておく

仕事において、「決断」を下すべきではありません。

「決断」という言葉が格好よく聞こえるためか、日本人はやたら「決断」したがりますが、決断とは要するに、最終段階になっても少しも絞り込めていない膨大な選択肢の中から、「えいやっ」と一か八かでたった一つを選び出すようなものです。

清水の舞台から飛び降りる気持ちで、などといいますが、そんな「決断」をしなければならない状況に陥ったら、その時点でビジネスはほぼ失敗と考えるべきです。決断するような事態を招いたとしたら、それはそこに至るプロセスの途中で解決しておかなければならない問題を、放置していた結果だからです。

最初はほんの小さな問題でも、「たいしたことじゃない」「あとからでも何とかなる」「もう少し勉強してから」などと先のばしにしていると、それはやがて起こる大問題の火種となります。

問題というのは、放置すると他の問題と次々にくっついていき、拡大化して、気づいたときには〝大火事〟を起こすのです。火事が起きたら、どんなのんびり屋も手をこまねいているわけにはいきませんから、緊急に「決断」し、手を打つ必要に迫られるでしょう。もっとも、緊急策が打てたとしても、火が出たことで被った損害は甚大なものになっているはずです。

しかも、それは「対症療法」にすぎません。「再発防止策」が打たれない限り根本的な部分での解決にはなっていないのです。火種はくすぶったままで、またいつ火を噴くか戦々恐々、という状況です。

根本的に解決したくても、問題の根が深すぎて、多くの時間と多大な労力が必要となります。しかし一方では、デイリーワークに追われて大忙しなため、緊急策以上の手を打つヒマがなく、苦しいだけの状況が永遠と続くことになります。

古びたパイプラインを想像してください。すでにあちこちがひどくひび割れ、水漏れも激しい。しかし、他の仕事が忙しくて徹底的に直す時間がないのです。テープを貼って応急措置をしたものの、すき間からぽたぽた水がこぼれてしまいます。周囲は湿気でむんむんとし、嫌な臭いまで漂い始めてしまいます。

このパイプは、もうリカバリーできません。できることはただ一つ。

「パイプラインをごっそり新しいものに取りかえる」ことだけです。

　そして本来なら、仕事が停滞してしまうような事態にならないように、ひびが小さなうちに即修繕し、こまめにメンテナンスするなど事前に手を打たなくてはならないのです。

　仕事も同じです。小さな失敗や計画のズレが出たら、その都度「判断」し、修正する。修正することで新たなミスや、テコ入れすべき部分が見えてくるので、さらに「判断」して修正する。

　こうした**「小さな判断」の積み重ねをプロセスの途中で順次確実に、しかも徹底して繰り返す。**そうすれば、「決断」しなければならない事態を招くことはありません。

　問題は小さなうちに判断し、解決しておく。そのうえで、万が一パイプラインを新規のものに入れ替えなければならなくなっても、それは「前向きの投資」ということになるのです。しかも、小さな判断を重ねている間に入れ替えの準備も相当進んでいるものなのです。

　そうして実直に判断を積み重ねるのが、できる人の仕事のやり方です。

principle

16

結果が出なければ「何もしなかった」のと同じ

私は、おおいに運がよかったということもあったと思いますが、一九八七年から二〇〇六年の終盤にトリンプを退社するまで、一九年間、毎年増収増益を達成することができました。

たまたま追い風が吹いて一時的に結果を出せたということではなく、バブル崩壊を経験しながらの長期間にわたっての結果でありますから、それは会社の実力であったといい切ることができます。

「その秘訣は？」と問われることもありますが、秘訣も何もありません。それなりの仲間に恵まれたことはいうまでもありませんが、基本は会社をあげて、やるべきことはすべて徹底してやり、成功するまでそれを継続した――それだけのことです。

「百円の切符が九十八円で買えないことは、五円で買えないのと同じ。物事は最後の数パーセントで勝敗が決する」

哲学者・森信三のこの言葉は、まさに私と同じことをいっていると思います。

以前、衣料品チェーンストア「しまむら」の相談役を務めた藤原秀次郎氏にお会いしました。藤原氏が社長であった当時、「しまむら」は極端に少ない人数で人事部を運営していたため、何か習うことがあるのではと、お話を聞く機会をいただいたのです。その際、微に入り細に入りかなり詳しいところまで情報をくださったことに驚き、本来なら秘密にしておきたいような部分までなぜ教えてしまうのか、不思議に思いました。私の疑問に、藤原氏はこう答えました。

「いくら教えても、なかなかできるものではないからです」

アイデアは、その気になればあちこちから見つけられます。そのうえで肝心なのは「徹底的にパクる」ことです。私はこれを「ＴＴＰ」と呼んでいます。やり切ることができず中途半端で終われば、それは「何もなさなかった」のと同意です。会社も仕事も、すべては「徹底度」で決まる。私が主張するゆえんは、ここにあります。

ちなみに森信三は、次の文章を世に広めることを推奨していたそうです。

「人間の一生（詠み人知らず）

職業に上下もなければ貴賤もない。世のため人のために役立つことなら、何をしようと自由である。しかし、どうせやるなら覚悟を決めて十年やる。すると二十からでも三十までに一仕事できるものである。それから十年本気でやる。すると四十までに頭をあげるものだが、それでいい気にならずにまた十年頑張る。すると、五十までには群を抜く。しかし五十の声をきいた時には、大抵のものが息を抜くが、それがいけない。『これからが仕上げだ』と、新しい気持ちでまた十年頑張る。すると六十ともなれば、もう相当に実を結ぶだろう。だが、月並みの人間はこの辺で楽隠居がしたくなるが、それから十年頑張る。すると、七十の祝いは盛んにやってもらえるだろう。しかし、それからまた、十年頑張る。するとこのコースが一生で一番面白い」

人間の一生とは、最後の最後まで頑張っていくことなのだというメッセージが込められているのでしょう。百円の切符を百円きっちり出して買うこと——つまり、一パーセントのやり残しも決して残さず徹底的にパクることもまた、人の一生を面白くすることと同じくらい難しいのです。

これを私の言葉でいわせてもらえば、長い人生にもやはり「デッドライン」を決めて、そこまでに完成させせんとする気持ちで生きていくほうが、より楽しく、より充実した日々が送れるように思います。というのも、仕事だけで人生を終えるというのでは、あまりに味気がなさすぎます。人生にとって、苦しいけどやり甲斐のある仕事はほんの一部であって、もっと楽しく、明るい部分があるはずで、それを楽しまないのでは、本当に人生を楽しんだとはいえないからです。

何はともあれ、仕事も、人生も、最後まで気を抜かないことが大切なのです。

ところで、世間に名の知られた人の中には、森信三や藤原秀次郎氏のように、名声と実績が一致している人ばかりではなく、実のところあまり内容のない人というのが意外なくらいに多いものです。メディアでもてはやされていても、実績や経歴をたどると、取り立てて見るほどのものはないというケースは珍しくありません。

しかし厄介なことに、そういった内容のない人であっても、話す言葉やその人の書いた文章を読むと、一見もっともらしく見えるものなのです。

ただ、それはメディアを通して表層的にしか知らないからです。しばらくの間でも一緒に働けば、十分にその人の実力はわかってきます。

だからこそ、転職採用などで人を見るときには、「過去の実績」が重要な判断材料になるのです。とくに、長期にわたっていい実績を出し続けている人は「実力のある人」と判断してほぼ間違いないでしょう。

逆に一発打ち上げたというだけなら、それがいくら大きな花火であっても、実力というより、たまたま運がよかっただけのことかもしれません。

「実力のある人」とは、仕事を「単に終わらせる」だけでなく、とにかく継続的に「最後までやり抜いてそれなりの結果を出し続けられる」人のことです。多くの小さな失敗を乗り越え、そこからさらに経験し、習い、物事をやり遂げていける人です。

必然的にそれなりのしっかりした考え方も持っていなければいけないでしょうし、精神的な強靭さも、人としてのキャパシティも、さらには「徳」も持ち合わせているでしょう。

principle

17

仕事は基本的に「断らない」

「断る」という作業は、やはり気をつかいます。

トリンプを退職し、事務所を起こしたばかりのころは、あちこちから講演の依頼があり、てんてこ舞いになりました。依頼はやたら多いのですが、それぞれに事情があって、公的機関だから、ＮＰＯだから、若手を集める会だから「予算がない」といわれる始末でした。

とはいえ、せっかくだからと、そういった依頼のほとんどすべてをお受けしていたら結局、現役のころより忙しくなってしまったのです。

そこで、いろいろと試行錯誤しました。結局は申し訳ないのですが講演料を大幅値上げして、それぞれの事情についてはお伺いしないことにし、料金の折りあいがつかなければお断りする、というシンプルなルールに統一させてもらったのです。

では、現役時代はどうだったかと振り返ってみると、仕事を断った記憶がありません。仕事とは直接関係のない経営者クラブへの入会の勧誘などは無条件に断っていたのですが、仕事のうえで「断った」経験というのは思いつかないのです。

「断られた」経験はそれこそ山ほどあります。しかし、「このような仕事がありますがいかがですか」と声をかけていただいて、断ったことはありませんでした。

というのも、トリンプは「サプライヤー」、つまり商品を提供する立場です。もちろん最終消費者に商品を届けることが一番の目的ですが、そこに到達するためには、百貨店やスーパーに商品を置いてもらう必要があります。

当然ながら、立場は相当に弱いわけです。消費者を背負っている百貨店やスーパーは、こちらに不利な条件を平気で提示してきます。

しかし、どんな無理難題をいわれようと、そこで断るわけにはいきません。断るという選択肢は、持っていないも同然です。断ったら仕事にならないからです。交渉し、少しでも自分たちに有利な条件を引き出して、どこかで折りあいをつけていくしかないのです。

たとえば、こちらは一点五〇〇〇円で仕入れてほしいと考えている商品に対して、百貨店に「四〇〇〇円にしてほしい」といわれたとします。ここで「NO」とは口がさけてもいいません。とりあえず交渉し、なだめたりすかしたりして、なんとか「四二四円」で合意を得たとします。

当然、目標の利益率を割ってしまいますから、最初は予定した利益が上がらないのです。ではどうするか。「四二四円」で目標の利益率を取る方法を見つけます。そう、コスト削減です。販売数量を増やしたり、製品のクオリティを落とさずに、より価格の安い別の素材を探し出してきて、それに切り替えたり、あるいは縫製の仕様を変更したりして削減方法を探し、実行し、実現する。それが本当の「実力」なのです。最終的に実現不可能という結果になったら、それは誰の責任でもなく、自分に実力がないからにほかなりません。

百貨店からの無理難題は、自分と会社に与えられた「与件」ですし、会社はそれで強く育っていくのです。すべて受け入れ、厳しい条件の中でも利益体制をつくれるように、努力する――。それが私の仕事そのものでした。

「断る」という選択肢を、捨ててみてください。「断ってもいい」という甘えがあるから、「断ろうか」と迷ってしまうのです。**断らないことを前提にすれば、思考はつねに「どうすればできるか」「どうすれば結果を出せるか」について考えるところから始まるでしょう。**それが必ず結果を出す人の思考法なのです。

principle

18

周りからのねたみは「勲章」だと思え

「上司に見込まれる」「上司からかわいがられる」ことは、部下にとって重要なことですが、これには善し悪しがあります。

実力があり、私利私欲がなく、すべての考え方、行動の軸を「会社のために」という基本に置いている、理想的な上司に見込まれたのであれば、それは素晴らしいことです。

なぜなら、こういう**「できる上司」は、間違いなく「実力」で部下を評価する**からです。できる上司に認められた部下は、「仕事ができる」という太鼓判をもらったようなものでしょう。

では、「できる上司」は、どんなふうに見込みのある部下をかわいがるのか。

さらに難しい、重要な仕事やレベルの高い仕事をその部下に任せます。

上司の立場に立って考えればわかることです。**レベルの高い仕事は、よくできる人に任せて、問題なく、確実に遂行してもらいたいと思うのは当然です。**そうして、できる上司に見込まれた部下は、成長するチャンスを得られるし、さらにはその実力をアピールするチャンスを次々にもらえることになります。

結果として、その部下は会社から認められて、評価をされて、社内で頭角を現していきます。

ただし、認められれば認められるほど、周りからのねたみも買うことになるでしょう。「実力」や「結果」で見込まれたにもかかわらず、「上司にゴマをすっている」と陰口を叩かれるかもしれません。

もっとも、そういった「ねたむ人間」は、自分より実力があると認めた相手にしか「ねたみ」を抱かないものです。その本音を口に出したりはしないでしょうが、内心では相手を認めています。

「ねたまれてナンボ」

そのくらいの気持ちで、堂々と受け止めてください。

「出る杭は打たれる」という言葉もあるように、もともと日本人は、他人の成功を賞賛するよりも、ねたんだり、ひがんだりしやすい国民性を持っています。

有名税ならぬ成功税のようなものとあきらめて、周りには盛大にねたんでもらうことです。

ビジネスの原理原則は「実力がすべて」、「結果がすべて」。それらを兼ね備えているから、ねたまれるのです。ねたみも「勲章」と割り切れば、気にならなくなるはずです。

逆に、自分の中に他人をねたむ気持ちが湧いてくるようなら、決してそれを口に出したり、行動で見せたりしてはいけません。ねたむ気持ちは、自分に対する自信のなさの裏返しです。恥ずかしいことです。

ですから、まずは自分に自信を持つために何ができるか考えてみてください。

「自分には無理なんじゃないか」

「自分にそれほど実力があるとは思えない」

「こういうご時世だから、成功できなくてもしょうがない」

何も始めないうちから、そんな「敗者の言葉」が出てくるようなら、すでにあなたは勝負に負けています。戦う前から、いつでもあきらめられるように準備をしているようなものです。仕事ができる人間になりたいのであれば、そういう言葉の裏にあるものを軽く考えてはいけません。

かといって、傲慢になれといっているわけではありません。「この仕事をやり切れるだろうか」という不安を持ちつつも、それを言動には出さず、何とかしてやり切ろうという意志を持って進んでいくのです。

信用できるのは、自分自身しかありません。

しかし、昔は広く日本に存在したはずの「武士道の心」を忘れてしまった弱い日本人は、途中で挫折しても泣いてみせたら、誰かが慰めてくれると思っています。実際に、気持ちが弱っているときには、「頭をなでてくれる人」がどこからともなく現れるものです。しかし、そういった心の弱さを許してしまう風土に、甘えていい時代ではなくなっています。

「絶対に成功させます」
「自分に任せてください。必ずやり遂げます」
「どんな状況であろうと、あきらめずに必ず結果を出してみせます」

こういう言葉を意識的に使う強さを持ってください。

言葉は、発した人の心の中を映し出す鏡です。

絶対にやりぬこうという強い気持ちを持っていれば、それなりの言葉が必ず出てくるはずです。

ただし、今まで経験したことのない高いレベルの問題に直面し、あがき苦しんでいる最中には、多少の弱音や悩みを漏らしたくなることもあるでしょう。思わずそれがぽろりとこぼれてしまうのも仕方がないでしょう。

とはいえ、「仕方がない」ですませてはいけません。**あなたがリーダーであり、上司であり、社長であり、あるいはそういったポジションに将来つきたいと考えているのなら、決して弱みを見せないのが原則です。**弱みを見せたとたん、それに共感するネガティブな心を持った人たちからなる烏合の衆をつくり上げてしまうからです。

ですから、あくまでやり遂げる強い意志を持ってください。

「あきらめていい理由」を探さないことです。

「結果が出せない口実」を探さないことです。

3章

〈頭角を現す力〉

プロフェッショナルの自覚を持つ

principle

19

大事なのは「プロの自覚」

あなたが会社から給料をもらって仕事をしている以上、あなたは「プロフェッショナル」、つまり「プロのビジネスパーソン」です。

しかし、日本のビジネスパーソンを見ていると、「プロの誇り」を持っている人は多いのですが、「プロの自覚」をあわせ持っている人は少ないようです。

プロである限り、あなたは「結果」を出すことをつねに求められています。**あなたが出した「結果」によって、あなたはつねに評価されます。結果以外の何かによって評価されることは決して許されません。**

この厳然たる原理原則を、あなたは本当の意味で理解できているでしょうか。

結果にはつながらなかったけれど、毎日頑張って残業して働いた？

残業するということは要するに、就業時間内に自分のノルマを終えることができていないということ。プロとしてあるまじきことです。

仕事をきちんと管理し、「デッドライン」を決めて時間内に終わらせ、結果に結びつけていくことができなければ、会社に対する社員としての役割を果たしたことにはなりません。

そうはいうものの、「結果」ばかりでなく、「プロセス」にも目を向けるべきではないか――。

それは違います。「結果につながらないプロセス」は意味がありません。逆に正しいプロセスを踏んでいれば、必ず結果は出ます。

結果が出なかったということは、プロセスが間違っていた、ということです。また、仕事が最終段階に至るまでに、「マイルストーン」を置いてこまめにチェックしたり、起こった小さなミスの数々をその都度修正したりすることを怠って、問題を放置していた、ということです。

結果につながらなかったプロセスに客観的な目を向けてみてください。

見つかるのは欠点や失敗、手抜きばかりのはずです。

そもそも会社の目標設定に無理があったのではないか?

そんな言い訳をする人もいます。しかし、一度仕事を引き受けた以上、プロであるあなたがそんな女々しいことをいってはいけません。どんな仕事であれ、その結果は、あくまでも自己責任です。

自分を取り巻く環境や、与えられた条件について、一切文句をいわない。

与えられた条件の中で、最大限の結果を出すために試行錯誤する。結果だけで判断されることに、潔く納得できる。

それがプロのあるべき姿です。結果を出せなかったことを棚に上げて、「今月はこれだけ残業しました」「自分はこんなに努力しました」などと平気で言い訳する人がいます。それがどんなに恥ずかしいことかを知らないのでしょう。

努力しているのはあなただけではありません。誰もが努力しています。そして、結果を出す人は間違いなく、結果を出せない人の何倍も、何十倍も努力しています。努力と一言でいっても、そのレベルには雲泥の差があるのです。

「千日の稽古を鍛とし、万日の稽古を錬とす」

これは剣豪・宮本武蔵の言葉です。鍛錬——つまり努力することに「もう十分」ということはない、ということでしょう。まさにその通りだと思います。

私が香港で勤めていたときのことです。部下に指示を出すと、

「I do my best.」

とほとんどの人がいうのです。つまり「頑張ってみます」「最大限努力してみま

す」といっているわけで、その言葉を聞くたびに、

「Don't do your best. Just do it.」

と訂正していました。

努力するのは当然なのですから、「頑張ります」「努力します」と宣言することに意味はありません。上司に指示されたことは、何があってもとにかくやり遂げる。プロのビジネスパーソンに求められているのは、ただそれだけです。

結果はどうあれ、汗水たらして、黙々と努力している自分を認めてほしい。

そんな甘えは捨ててください。

甘えがある人は、思い通りにいかなかったとき簡単にくじけてしまいがちです。


仕事は「やる」だけです。そして、その過程では、ただ「頑張ってみる」「努力してみる」だけでは足らず、どうすればやり遂げられるか、ということだけをひたすら追求すべきなのです。


そして結果を出すだけです。

これこそ部下の持つべきフォロワーシップの精神であり、それを部下にさせるこ

とが、上司のリーダーシップなのです。

先にも紹介した、アメリカ合衆国でもっとも古く、由緒正しい士官学校であるウエスト・ポイント陸軍士官学校の教官が書いた本には、

「『フォロワーシップ』とは、上司からいわれたことを一〇〇パーセントやり遂げることである」

と、明確に書かれています。そういった上下関係が築けなければ、上司はトップダウンで仕事を部下に任せることができなくなり、組織が有効に稼働しなくなってしまいます。また、上司がリーダーシップを満足に発揮できないということは、部下もリーダーシップを習えないということです。

やり遂げることが困難であると初めからわかっていても、

「結果を見てください」

ときっぱりいえる人が、頭角を現すのです。

principle

20

問答無用で「朝型人間」になる

仕事に集中できない人は、結果を出せません。当然のことです。

ただし、集中できることが、その人自身の「能力」であるかのように捉えるのは、ちょっと違うのではないでしょうか。

逆に考えてみましょう。集中できない人は、集中する「能力」そのものが欠けているのでしょうか？　その人は能力が欠けているので、いついかなるときも絶対に集中できないのでしょうか？

そんなことはないはずです。何かに集中して打ち込んだ経験など皆無、という人はさすがにいないでしょう。そう考えていくと、集中力というものは「能力」の範疇ではないと思うのです。

より正しくいえば、「自分が集中できる環境をつくる能力」ではないでしょうか。つまり、環境さえ整えれば、誰でも集中力を発揮できるはずなのです。

では、「集中できる環境」の条件とは何か。次の三つが挙げられます。

①八時間の睡眠をきちんと取る。

②騒々しい場所で仕事をしない。

③いわゆる締め切り効果を活用し、どんな仕事でも時間を区切って仕事をする。

これらの条件が満たされる最高の環境は「早朝」です。しかも、早朝は頭の回転が一番よいときでもあります。早起きして始業前に出勤し、誰もいない静かなオフィスで始業時間をデッドラインに設定して、仕事を終わらせればいいのです。「早起きは三文の得」といいます。先人の知恵というのは実に核心を突いたものばかりです。しかし、せっかくの知恵を自分なりに取り入れようとする人は、ほんのわずかしかいません。むしろ「夜型生活」になっている人が大半です。

今日から問答無用で「朝型生活」にシフトしていきましょう。

残業はしない。飲み会があっても二次会には行かない。夕食はなるべく早めにとる。暴飲暴食はしない。お風呂にゆっくり入る。アロマをたいたり、ストレッチしたり、どんな方法でもいいので自分なりのリラックス法を見つけておく。日付が変わる数時間前にベッドに入る。八時間睡眠を守ったうえで、朝食はしっかり食べる。特別なことは何もありません。小さな努力の積み重ねが、あなたの集中力を高めることにつながっていくのです。

もともと人間の能力というのは、本来持っている力の一〇〇パーセントまでは発揮できないようになっています。能力には個人差があり、さらに周りの環境や自分の感情、体調、体力などによって、抑え込まれてしまうのです。

そして「夜型生活」の人は、能力を抑えつけてくる重石を自らせっせとつぎ足して、さらに重くしているようなもの。それでいい仕事ができるわけがありません。

繰り返しますが、問答無用で「朝型生活」に切り替えるのです。**「自分が集中できる環境をつくる能力」を磨いてください。**睡眠もたっぷり取って体力を回復し、心を惑わすものがない静かな環境で仕事をする――。そのうえですべての仕事を時間で区切って締め切りに追いかけられる状況にすると、思う存分に能力を発揮できるはずです。

朝の時間をどれだけ有効に使えるか。仕事ができる人は、それがいかに重要なことかを知っていて、すでに実行している人です。仕事ができない人は、それがいかに重要なことかを知っていても、実行しようとしない人です。

principle
21
いつか独立するつもりで働く

私はいつも**「独立を目指して仕事をしろ」**といっています。つまり、「サラリーマン根性」を捨ててほしいのです。

「サラリーマン根性」のある人は、すべてにおいて受け身です。自分というものを持たず、流れに任せて、いわれるがままにやってしまう。そのほうが仕事はラクなのですが、ビジネスパーソンとして最小限のことしか習えません。

一方、**「いずれ独立しよう」「いつか自分の会社の社長になってやろう」と意識するだけで、毎日の仕事の中から習える量は圧倒的に増えます。**その量が増えれば増えるだけ、自分の仕事のレベルは上がると考えていいと思います。

たとえば、今は単に他部門からもらう情報である為替レートにしても、もう少し有利な計上のタイミングを探るとか、社内レート設定の一律適用で見逃されているメリットはないものか、あるいは取り引きを円ベースに切り替えるとか、考えようはいろいろとあるはずです。

より多くを習えばその人は大きく成長します。成長し、結果を出して、本当に独立するのもいいでしょう。独立しなくても、会社に認められて昇進し、結果的にその会社でそれなりの待遇を得て満足して仕事が続けられれば、それもいいでしょう。本人にとっても、会社にとっても素晴らしいことです。

もっとも今は、まったく予想し得なかった変化が世の中に起こって、大企業が突然存亡の危機に立たされても、少しもおかしくない時代です。

たとえば、デジタルカメラの台頭によってコンビニからカメラのフィルムが消えるなど、数十年前にどれだけの人が予想できたでしょうか。今やフィルム業界は縮小の一途。その状況下にあって、本業を別の業種・業態にシフトするという大変革を乗り越えつつある富士フイルムと、それができなかったコダックの命運は雲泥の差です。

自分には関係ない、などと思わないでください。誰の身にも起こりうることです。もし現実にそうなったとき、**あなたは他の会社、もしくは今とはまったく別の業界にも通用する普遍的な能力、結果を出せる技術、必要な人材であると周りを納得させるだけの実績を、今のうちから築けているでしょうか。**

英会話はできますか。なかなか人材のいない特殊な分野で誰にも負けないレベルのスキルを持っていますか。ＰＣスキルはどうでしょうか。そして今、どんな役職についてどのような権限を持たされていますか。

仮に〝大企業で勤務〟という輝かしい経歴があっても、安心とはいえません。

「中小企業の社長になったつもりで考えろ」

右はソニー創業者の一人、井深大の言葉です。まさにその通りで、とくに「中小企業の社長」というくだりは、実際に大手銀行や商社から中小企業へ転職した人が必ずしも活躍できないという現実から見ても、核心を突いていると思います。

というのも、何か問題が起こったときそれが会社に与える影響という点において、その大きさもスピードも大企業と中小企業では格段に違うからです。大企業なら微々たる規模の損害でも、中小企業では生きるか死ぬかの致命傷になりかねません。ましてや一つの問題に取りかかる際には、会社の周りを取りかこむ、あらゆる状況を頭に入れながら、すべての判断を進めていかなければなりません。

こういった感覚は、「中小企業の経営者の視点」を持って仕事を経験することで初めて身につくものです。どの企業、どの業界でも結果が出せる人になるために、今のうちから「どこでも通用する普遍的な能力」を磨く努力をしておきましょう。

principle

22

「結果」で人に認められ、「結果」で人を認める

「ヒットを打ち、活躍することが基盤になりますが、チームの一員になるためには、尊敬や友情など、プラスアルファが必要です」

右は大リーガー・イチロー選手の言葉です。

ここで大切なことは、「ヒットを打ち、活躍することが基盤」と明言している点です。

チームの一員になるために、まずやるべきことは、自分が個人として結果を出すこと——。それがすべての出発点だといっているのです。それが、「存在感」につながって初めて、お互いの尊敬とか友情とかが生まれてくるのです。

確かにイチローは、日本で抜群の活躍をした選手です。しかし、アメリカ大リーグの野球チームに入団した瞬間から、日本での実績などあってないようなものです。仮にイチローが、入団直後から絶不調で、どう見てもチームの足を引っ張っているにもかかわらず、チームメイトたちに媚びを売って、仲間になりたいという素振りを見せたらどうでしょうか。

あなたがそのチームメイトの一人だったら、どう思うでしょうか。

「仲間」とは到底認められないでしょう。実力勝負の世界にあって、プロという肩書きを背負っているのに、結果を出さずに認められるわけがないのです。

毎日一〇〇〇回バットを振っても、三〇キロメートル走り込んでも、努力が結果につながらなければ、チームには認めてもらえません。

仕事も同じです。

自分がチームのために何ができるかを考える前に、「プロフェッショナル」のビジネスパーソンとして、自分が結果を出すためにはどうすべきかを考えてください。

「相手を認める前に、相手に自分を認めてもらう」

そのプロセスを経ることなく、チームの一員にはなれません。尊敬も友情も、お互いに認め合って初めて成り立つのです。

努力ではなく、結果で認め合う。ビジネスでの人間関係は、そういうものと割り切ったほうが、人づきあいもしやすくなります。

日本ではよく、結果だけでなくプロセスも評価すべきだとする声を耳にします。

結果が出なくとも、果たした努力に対してもきちんと評価するべきだ、というのです。一見正しそうに感じますし、温かみを感じて「ああ、よいことだな」と思えるのですが、これは、先にも述べたように、間違いです。

まず、その仕事をしている当人としては、**プロセスをつねに見直し、必ず結果を出す**ということが重要です。プロセスが非効率、あるいは多少間違っていたとしても、それを途中で修正し、正しい方向へ軌道修正すれば、必ず結果につながるからです。

逆に、プロセスにおける間違いをそのままにしてしまうと、どれだけ多くの汗を流して努力しても、結果は出ません。

このことは別項でも述べましたが、結果が出ないのであれば、そのプロセスは間違っていたということであり、評価するに値しないはずです。努力が一歩足りなかったのか、修正すべきところを修正しなかったのか、それは仕事をしている当人であればわかっていないといけないことなのです。

principle

23

まず「やってみる」「取りかかってみる」

仕事における一番の壁は、いざ取りかかろうとするときです。

とくに、それがややこしい問題であったり、時間がかかりそうであったりすると、ますます取りかかることができません。

もっとも、年齢が上がり、経験を積んで役職が上がることで、かつては面倒だった仕事もラクに処理できるようになるケースもあります。

たとえば、取引先に無理な注文をしなければならないとき、若手なら取引先にお伺いして何度も「何とかお願いします」と頭を下げなければいけない必要があっても、役職が上がると昔のよしみもあって電話一本でOKをもらえたりするのです。年齢が自動的に解決してしまう案件は、実は山ほどあります。だから、若いうちは苦労せざるを得ないわけですが、それでまた成長もできるわけです。

仕事に慣れないうちは、苦手とする種類の仕事が出てきます。

そして、仕事は山ほどありますから、緊急性が高くない限り、苦手な仕事を後回しにしてしまいます。

もっとも、入学試験などでもそのアプローチとしてよくいわれるように、**解きや**

すい簡単な問題から手をつけていくのが、順番としては正しいのです。というのも、難しい案件から手をつけると、それぱかりに時間がつぶされ、点数が確実にかせげるやさしい問題に取りかかろうとするときには、時間があまり残っていないのであせってしまい、間違えたりしてしまいます。

しかし、難しい問題を放置して、それを「苦手だから仕方がない」で片づけてはいけません。難しかろうが苦手だろうが、やらざるを得ないことは確かです。

そして、困難を克服した先にしか成長がないのも確かなのです。

どうせなら、「仕方がない」からやるのではなく、自分を伸ばす糧とすべく積極性を持って、果敢に挑んでください。

一番簡単な方法は、苦手で難しい課題に「デッドライン」を引くことです。「デッドライン」の重要性については、これまでもこの本の中や、別の本でもよく言及していますが、それは、間違いなく仕事力を高める効果があるからです。「仕事術で何か一つ学ぶなら？」と聞かれれば、私は躊躇なく「デッドライン」を習いなさいと自信を持っていいたいと思います。

人間は弱いもので、易きに流される性質があります。「やる気」だけではどうにもならないこともあります。だから、「やらざるを得ない状況」に自分を意識的に追い込む仕組みが必要なのです。

「火事場の馬鹿力」という言葉もありますが、人間は追いつめられると、平素以上の力を発揮できるものです。**切羽詰まった状況の中で片づけた仕事でも、あとから見返すと、なかなかどうしていい仕事をしている**――そんなケースは珍しくありません。

それでも、一気呵成にやり切ることができないと思う場合は、とりあえず六、七割程度を目安にやり上げておくつもりで取りかかるようにします。

七割方手をつければ、すでにその仕事の大枠は出来上がっている状態です。少なくとも基本は形になっているのだから、あとは細部をブラッシュアップしていけば完成させるのはそれほど難しくないはずです。

まず「やってみる」「取りかかってみる」――仕事ができる人は、間違いなくこのスタンスの持ち主です。

principle

24

「自分の立場」をわきまえる

結果が出てから批判する――。これほど、たやすいことはありません。

結果からさかのぼれば、

「何をすればよかったか」「何をしてはいけなかったか」

という結論を導き出すことは、容易にできるからです。

失敗した理由もわかっているし、より大きく成功できたであろう方法も如実に見えています。その仕事を行なった本人は、他人にいわれるまでもなく、そんなことは百も承知しています。

どうしてそのような結果が出てしまったのか、十分に検討されたのであれば、そういう状況で相手を批判したところで、一体何になるでしょう。

それは、「語るべきとき」ではないのです。


一方で、意見すべきなのにできない、という場面もあります。

たとえば社長が参加しているような会議で、その場に居合わせている人たちが、一つの方向へ向かうことに合意しかかっているとき、あえて反対意見を述べるのは非常に難しいことです。頭ごなしに批判し、意見をぶつけても、受け入れられる確率は低いでしょう。

ただそういうときは、

「○○といった方向でもう一度検討する余地もあるように思いますが」

「○○といった意見もあるように感じられますが、いかがでしょうか」

「○○という立場も考えられますが、ご意見をいただけないでしょうか」

などと、その場に波風を立てない程度に、ちょっと言葉を濁した表現を使って、自分の責任範囲にかかわることであれば、自分の正しいと思う意見をとにかく投げかけてみることです。

ここで重要なことは、平素からの自分の存在感です。この分野に関しては自分の意見も聞いてもらえる――。そういった素地をつくれているかによります。それをつくれているなら、自分の意見をいい、そして、その意見が正しく、さらに運よくそこにいる視野の広い人が、「確かにそうだ」と援護してくれれば、受け入れられる可能性があります。

もし、その素地がつくれておらず、自分にその場の合意を覆す権限も何もなければば、「黙る」ほうが賢明です。意見を聞かれたときだけ発言するといったレベルです。なまじへたに主張してみても、のれんに腕押しとなるばかりか、自分の立場を悪くしてしまう危険性もあります。

「長いものに巻かれろ」

そういうと、読者には嫌な顔をされるかもしれません。

しかし、それが「社会」であり「組織」というものです。

自分の立ち位置を冷静に見極めておきましょう。**引き際を心得ておくのも、仕事ができる人になるための一つの要素なのです。**

しかし、場が変われば、とるべき対応も一八〇度変わります。

自分が中心となって進めているプロジェクトで、新しい意見や発想が出てきたときには、上の人間の顔をうかがっている場合ではありません。

上司にバンバン「意見」する、というのもまだ生ぬるいでしょう。

意見するより前に、どんどん「実行」してください。担当者として、権限と責任を与えられた者として、自ら動き、縦横無尽に活躍し続けなくてはいけません。

もし上司が心配して何か質問をしてきたら、そのときは自分なりの考え方を、上司が「バンバン意見されている」と感じるくらいきっちり説明することです。

そして、**「こいつがそこまでいうなら、間違いなくちゃんと自分で頑張ってくれるだろうから、最後まで任せよう」と上司に思わせれば勝ち**です。

このことは、あとでも詳しく述べますが、そもそも、部下の仕事の詳細を、何から何まで知っておこうと再三チェックし、口出ししてくるような「ホウ・レン・ソウ重視」の上司など、仕事ができない上司の典型です。

では、できる上司はどうするのか？

もちろん、上司として「知らなかった」ということは許されませんから、「デッドライン」を設けるなどして適宜チェックはするでしょう。ただし、その際に有能な上司がチェックするのは、主に部下のその仕事に対する「自信」と「熱意」です。

部下が自分の計画や実行に、どれだけの自信を持っているのか。

どれだけその仕事に興味を持ち、やる気に満ちているのか。

部下を観察し、それを見極めようとするのです。

部下の立場になって考えてみてください。

自分がとてもやる気に満ちていて、物事をどんどん進めているときに横やりが入り、ああでもないこうでもないと口を出されることほど、邪魔なものはないと思いませんか。仕事が実行段階に移ってからは、適宜、状況に合わせて対応を変えていかなければなりません。それなのに上司が任せてくれなければ、部下はその一つひとつに関していちいち上司の了解をとることになるのです。

賢い上司は、それがどれだけマイナスの影響を及ぼすかを知っています。だから、あえて「黙る」ことを選択します。

黙って観察し、部下が熱意を持って、自信満々な顔で仕事をしていれば、平素からの実績をふまえたうえで、「任せて大丈夫」と判断するはずです。逆に不安いっぱいの顔でオロオロしていれば、手助けが必要だと判断するでしょう。

principle

25

「やる」と決めたら即動く

氷山というのは、海面から出ている部分はほんの一端にすぎません。海面の下にはその何倍もの大きさの塊が隠れています。

まるで、「人間の能力のあり方」を形にしたようです。

日々の仕事で顕在化できる能力は、その人が持つすべての実力のほんの一端にすぎません。これはいわゆる「形式知」と呼ばれる能力の部分で、まさに「氷山の一角」です。そして、海面に隠れた部分、つまり「暗黙知」に相当する能力の部分が大きければ大きいほど、顕在化する実力も大きくなります。

では、自分の氷山をより大きく育てるには、どうすればいいのでしょうか。もっとわかりやすくいえば、「暗黙知」をたくさん身につけるにはどうすればいいのでしょうか。

簡単です。**極寒の地にこそ大きな氷山ができるように、あなたも積極的に、あなた自身を厳しい状況に追い込むのです。**

寝る間も惜しんで働け、などとはいいません。逆です。効率性、生産性を徹底的に求めるのです。一つの仕事に厳しい「デッドライン」を課し、その中でいかに質の高いものを仕上げられるかに挑戦するのです。他人に頼らず、上司に甘えず、自分の力で乗り切っていく努力をするのです。

ところで、これまで何度も「徹底的に仕事をやり切る」ことの大切さについて述べましたが、基本ルールは単純です。**仕事において「気がついたこと」は、どんな小さなことでもすべてに手を打っておく。**それだけのことです。

ただし、これを実行するのは決して簡単ではありません。

まさに、軍隊の訓練にも通じる「過酷さ」があることを覚悟してください。

たとえば、軍隊の訓練の一つに「ベッドメイキング」があります。シーツにシワ一つできることも許されません。身のまわりの整理整頓や身支度を、素早く的確に行なえるかどうかについても、非常に厳しくチェックされます。

その方法を具体的に教えてもらえることはなく、兵士たちは指揮官の要求に応えるべく、自分の頭で考え、編み出していきます。

これを仕事に当てはめるなら、いわゆる「仕事術」と呼ばれるものです。小手先のテクニックを身につけるためだけに貴重な時間を割くのは、あまり感心しませんが、仕事の効率を上げるためのコツを身につけることにつながるなら、それは大切です。

たとえば、メールボックスがいつもすっきり片づいている。ＰＣのデスクトップに余計なアイコンが一切ない。デスクの上には今日片づける仕事だけが用意されている――。そういう状況をつねにつくる努力を、徹底的にできるかどうか。「散らかってるな」と少しでも感じたら、即徹底的に片づける――。

ただそれだけのことでも、仕事の効率に格段の差となって表われます。それこそ、「集中度が上がる環境をつくる能力」です。

基本的なことを何度も何度もあきるほど繰り返し、徹底的に叩き込んで、体に染みつくまでやる。兵士にとっては、訓練によって基本を徹底的に習うことが、非常事態に直面したときに生き残る可能性を高めるための唯一の方法なのです。

同じように仕事も、遊びも、スポーツも、「暗黙知」をいかに補完できるかが、上達できるか、下手なままで終わるかの分かれ道になります。

principle

26

徹底して、効率を上げる

「量をこなさなければ、仕事の質は上がらない」

よく耳にする言葉ですし、一理あるのですが、受け取り方を間違えてしまうと大変な誤解を生みます。

ただ単にダラダラと長時間仕事をすることで、結果的に量をこなしたとしても、それは決して仕事の質を上げることにはつながらないからです。

何度もいうように、仕事はその「徹底度」でレベルが決まります。気がついたことにはすべて対処し、万が一にもやり残しの部分をつくらないことが重要です。

「神は細部に宿る」という言葉があります。素晴らしい芸術作品がそうであるように、何事も細部に心を込め、こだわってこそ物事の質が上がるという意味ですが、見方を変えると、細部を適当に考えているとすべてが台無しになってしまう、ということでもあります。

そういう意味では、細部に宿るのは神ではなく、むしろ悪魔なのではないかと、私は思ってしまいます。細部を放置したままにすると、悪魔が牙をむき、大きな問題が起こって、物事が悪いほうに転がり始めてしまうからです。

徹底的に、細部の細部まで悪魔を摘み取っていく。それが「できる人」の仕事の仕方であり、これを実行している人は、当然忙しくなるでしょう。

では、限られた時間の中で、仕事の細部まできちんと仕上げるにはどうすればいいか？　それは、**「効率を上げるしかない」**のです。

ここで「残業しよう」と考えてしまう人は、仕事の効率を上げる努力をせず、「終業時刻を延長する」という方法で問題解決をはかろうとしているわけですが、それが毎日続くと結果として体力を消耗するばかりですし、効率を追い求めない働き方では自分を成長させることはできません。

いかに効率を上げ、一つの仕事にかかる時間を短くできるか——。

仕事の徹底度が高い人はとくに時間が足らないので、必要に迫られて効率を上げる努力をし、結果として一定時間内により多くの仕事をこなせるようになるのです。

そう考えると、「量をこなすから質が上がる」というより、**「質の高い仕事ができる人は、結果的に量もこなせるようになる」**といったほうが正しいのではないでしょうか。

そもそも一つひとつの仕事の質は、「どれだけ時間をかけたか」によって変わるものではありません。

資料・データ類がすべてそろっていて、集中すれば一時間で片づく仕事を、一週間かけてやったところで、仕上がりのレベルはほとんど変わらないものなのです。

むしろ、少し手を付けたら保留して、また気が向いたときに手を付けてというふうに、長時間かけてのらりくらりとやっていると、途中で齟齬《そご》が出たり、矛盾が生じたりとロクなことになりません。

いかに短時間で仕事を処理できるか――。それを目標として、努力し、工夫し続けることが、「仕事力」を高めることにつながっていきます。

仕事力が高まるということは、「一定時間内にできる仕事が増える」ということです。つまり、効率を上げ、結果的に量をこなせるようになることで、あなたの実力は底上げされます。

「こんなにたくさんの仕事をした」ではなく、「こんな短時間で仕事を終えた」という点に満足感を持てるようになると、仕事はますます面白くなっていくのです。

principle

27

「一か八か」の勝負をしない

「男の人生には、勝負しなければならないときがある」

なるほど確かに、と思いますか？

馬鹿をいってはいけません。確かに世の中は競争で成り立っていますが、だからといって人生を賭けたような勝負をしていいわけがありません。「一か八か」で勝負するのを格好いい、男らしいと思うようなら、それは甘えているだけです。

仮に、ここでいうところの「人生の勝負」が、起業や転職であったとしたら、何のビジョンも、成功する確信もなく新天地に飛び込むのは間違い以外の何ものでもありません。**仕事でも、人生でも、判断を重ね、努力を重ねることが本来あるべき姿であり、成功への道はそこにただ一本しかないのです。**


かつて私がトリンプへの転職を決めたとき、まず香港で勤務することを命じられました。外資系企業で、入社直後から外国勤務。そんな条件を受け入れる日本人はほとんどいないということで、大変な決断をしたものだとよく驚かれるのですが、私は何も人生の大勝負を賭けてそれを受け入れたわけではありません。

タネ明かしをすれば、それ以前にも外資系企業で香港勤務をした経験があったのです。メリタというドイツ企業の香港支社で、上司も同僚もドイツ人、取引先はイギリス系の会社という環境の中、必然的に日常業務は英語でこなしていました。三年間の勤務を経験して、香港の住み心地も、その明るい太陽による開放感も大変気に入っていたのです。

ですから、トリンプからの香港勤務の申し入れは、むしろ万々歳の好条件でした。さらによかったのは、トリンプ・インターナショナル・ジャパン、つまりトリンプ日本法人にとって、香港支社は親会社にあたるという点です。実際、香港の応援がなければ、日本では動きがとれない面が多々ありました。

その点、香港に勤務していた経緯からツテのある私は、三年後日本に戻ったあとも電話を一本入れて頼むだけで、あちらも「仕方がないな」と最優先で動いてくれたものです。まさに、そういった意味では、私の香港勤務は大正解でした。

こうして判断し、検討を重ねて行動するのが正しいのです。

試行錯誤しながら前に進んでいく仕事と違い、一度判断するともとに戻せないような物事については、やってみなければわからない、とばかりに飛び込んでいくのは無謀というものです。**「取り返しのつかないような大失敗」は絶対にしてはいけません。**ほとんどの不安・不確定要素が消えない限り、勝負に出るなど論外です。

うまくいく確信はないけれど、かなり好条件の転職話が持ち上がったようなとき、人は「可能性」という名の不確かな何かに賭けてみたくなるものです。そういうときでも、冷静になって、客観的に状況を見て、絶対に大失敗しないと結論が出るまで、判断に判断を重ねて検討する必要があります。

もし、少しでも不確定要素が見つかったなら、「不戦敗」を選ぶべきです。負けは負け。潔く認めることです。勝負して決定的に負けるより、傷が浅くてすみます。

ただし、それは一時的なことです。まだまだ自分が力不足で、挑戦すべきタイミングが回ってこなかったというだけのことです。

コツコツひたむきに努力していれば、こちらがアクションを起こさなくとも、いずれ相手のほうが「一か八か」の勝負をふっかけてきます。

そのときこそより自分に有利な条件で、転職なり起業なり、あなたの望む通りの結果を得られるはずです。

principle

28

仕事に「機能美」を追求する

日本ではとにかく「何でもできる」「機能がいっぱいある」ことがいいことと受け取られる風潮があります。いわゆる「オーバースペック主義」なのです。

電化製品を見ればそれがよくわかります。たとえば携帯電話やスマートフォンもそうです。カメラ機能はいいとしても、電子マネーやワンセグテレビなどを筆頭に、ありとあらゆる機能を詰め込みたがります。

さらに悪いのは、その機能を説明するために分厚い説明書がついてくることです。さっぱり読む気になりませんが、読まないとわからない機能もあります。なかには読んでもよくわからない機能さえあります。

そこに欠けているのは**「機能美」という考え方**です。無駄な装飾をすべて排して、極限までシンプルにし、そのうえで使用者が求める一般的な機能を完璧に満たしている――。必要なものだけに絞り込み、いらないものを削れるだけ削るという作業は、付加価値を手当たり次第加えていくより、ずっと手間ヒマがかかるでしょう。

たとえば、ｉＰｈｏｎｅについてくる説明書は、一枚の紙を折り畳んだだけの薄っぺらいものだけです。もっとも、そんなものと顔をつきあわせなくとも、手に持った瞬間から、直感的に誰でも使いこなすことができます。

それこそ「機能美」が追求された製品だからできることです。仕様をどう決めるかは、開発担当者の頭の中がすっきり論理的に整理されていて、初めて可能になることであり、これほど難しいことはないと素人ながら思うのです。

アイデアそのものは、とても簡潔。しかし、そこには複雑・難解な情報が内包されている——。それがいわゆる「いいアイデア」なのです。

あるとき、車を運転していて、目的地へ行くためにはこのまま直進すべきか、右折すべきかわからず、道路標識を確かめました。するとこれがまた、一瞬では理解しがたい標識でした。

直進すれば、遠回りになるけれど広い道を走ることができ、道順はわかりやすい。一方、右折すると近道になるが、道は細く入り組んでいてわかりにくい。さあ、あなたはどちらを選びますか？　と、問いかけんばかりの図が示されていたのです。

道路標識を見るということは、その付近の道を知らないということです。知らないから、どちらへ進めばいいか「答え」を求めて標識を見るのに、「選択肢」が提示されるとは一体どういうことでしょうか。

道に不慣れなドライバーが「わかりにくい近道」を選ぶはずがないと、ほんの少し頭を働かせればわかりそうなものです。しかも、時速五〇キロメートルくらいで走りながら見るわけですから、標識に視線を止めていられるのは、ほんの一、二秒にすぎません。

こうして論理的に考えれば、標識からわかりにくい右折の道順はあえて削除して、「直進して、〇〇メートル先を右折」と簡潔に書いたほうが、ドライバーに対してずっと親切であると、簡単に結論は出るはずです。

こんな「当たり前の判断」さえできない。それが、今の日本が抱える問題です。

一生懸命考えて、不必要なものを徹底的に排除し、単純化する――。

そうして「機能美」を追求するクセを、これからの日本を担う若者たちにはぜひ身につけてほしいものです。

4章

〈逆境を乗り越える力〉

「自分の役割」をまっとうせよ

principle

29

仕事はゲーム——だからこそ勝つ

仕事は、ただ右から左に処理していくだけなら、決して楽しいものではありません。でも、人生の多くの時間が仕事に割かれるのですから、どうせなら楽しみながらやりたいと思いませんか？

では、どうすれば仕事を楽しめるのか。

仕事を「ゲーム」と考えればいいのです。

こんなことをいうと怒られそうですが、実際にそうなのです。**そもそも仕事の場というのはゲームと同じ「架空の空間」であることを認識すべきです。**

これは仕事を辞めてみると本当によくわかります。仕事を辞めると、仕事で知り合った人とのつきあいは自然となくなっていきます。培ったキャリアやスキル、役職がものをいう場もなくなっていきます。

仕事から一度離れると、そこで得たものの大部分は消えてなくなってしまいます。だから仕事は架空の空間であり、ゲームをやっているのと同じような感覚で捉えるべきです。

たとえ仕事で苦しいときがあっても、それはゲームの中だけのこと。苦しみが続かないとわかっていれば、耐えることもできます。一日の仕事を終えた時点で、ゲームは一度リセットされ、いつもの自分に戻ることができます。

ゲームといえば、ギャンブルだってそうですが、のめり込みすぎると痛い目を見ます。仕事も同じです。何事も楽しむには、そこからちょっと距離をおいて、客観的な目で見ながらつきあっていくほうがいいのです。

たとえば、映画を見ながら感動の涙を流しても、映画が終われば笑顔に戻ります。物語にどっぷりつかっていつまでも泣いているようでは、生きていけません。

それと同じです。仕事をしているときは徹底的に打ち込むけれど、終業時間がきたら仕事のことは考えない。この切り替えがうまくできると、仕事が楽しめるようになるのです。

所詮、仕事はあなたの人生のほんの一部分です。人生をファイナンス的にサポートするための一手段です。寝ても覚めても仕事三昧で、そこに人生をまるごと捧げてしまい、それに振り回されるような生き方をしていると、仕事はどんどん楽しくなくなります。取るに足らない小さなミスが、人生を狂わせかねない大事のように思えてきます。

今、日本では年間約三万人の自殺者が出ているといわれます。その中には、仕事にのめり込み、人生を捧げたために、自らの命を奪う選択をしてしまった人が少なからずいるでしょう。

仕事とは、人生のほんの一部分にすぎません。

それを決して忘れないことです。

ただし、**ゲームは勝ってこそ面白いものです。**勝たなければやる価値はありません。つまり、仕事は勝って結果を出さなければ価値がないわけです。

勝つために、「ゲーム感覚」をうまく利用しましょう。

いかに効率よく時間を使って、いかにいい結果を出せるか——。それを楽しむのです。この感覚を仕事に持ち込まないと、逆に時間をかけてゆっくり、コツコツ、丁寧に……と、効率の悪い仕事に精を出すことで得られる充実感のほうに、喜びを見出してしまう危険があります。

では、「ゲーム感覚」を仕事に持ち込む具体的な方法は？

答えは簡単。そう、やはり、「デッドライン」です。

たとえば、あなたは今日中に終わらせなければならない八つの案件を持っているとします。一日八時間勤務であれば、一件につき一時間以内で終わらせなければなりません。ただし、来客の予定もあるでしょうし、会議にも参加しなければならないはず。その分を差し引いた結果、残りが四時間しかなければ、一件三〇分で片づける必要があります。それぞれの仕事のデッドラインは「三〇分」と決まるわけです。そしてデッドラインが決まれば、それを達成するべく、段取りをつけて仕事を進めていきます。時間との勝負です。

「デッドライン」を決めておかないと、仕事は延びに延びていきます。

就業時間内では終わらず、残業の毎日になるのはそのためです。残業が続けば、心を落ち着かせてくれる家族とともに過ごす時間もなくなりますし、睡眠時間が当然足りませんから、疲労が蓄積していきます。ますます仕事の効率が悪くなり、そうなると結果は出せません。

「デッドライン」を決め、それを実行するだけで、そんな悪循環が起こるのを防ぐことができるのです。

あなたも今日から「デッドライン仕事術」を始めてください。本当にやれるのだろうか、などと疑問に思うヒマがあったら、まずやってみることです。やってみれば「必ずやれる」ことがわかります。

人間は「締め切り」が決まってしまえば、不思議とやれてしまうものなのです。一つの仕事が「デッドライン」で達成できたら、その他の仕事にも「デッドライン」を適用して次々と挑戦してみましょう。一つひとつ達成していくたびに得られる達成感によって、「仕事が面白い」という気持ちがあなたの中に生まれてくるはずです。

principle

30

「きれいごと」はいわない、聞かない

どこの職場にも、「きれいごと」ばかりいっている人はいるものです。

もっとこうすべきじゃなかったのか。もっといい結果が出せたはず……。

その仕事が進行しているときには、口出しも手出しもしなかったのに、結果だけを見てもっともらしい批判や意見をいいます。

彼らの言葉に耳を貸す必要はありません。あなた自身も、そういう人間にならないようにしてください。

世間的に名の知られた人の中にも、「きれいごと」をいう人は少なくありません。仕事の現場でもまれたことのないコンサルタントや、民間企業で働いた経験のない大学教授など、現場を経験していない人ほど、「後出しジャンケン」が得意なものです。


すべて事が終わったあとに、批判する。

これからやろうとしていることの欠点をあげつらう。

これほどラクな仕事はありません。いうだけなら小学生にだってできます。

本当に難しいのは、一つひとつステップを踏んで、着実に「実行」していくことです。

物事を実行、実践して、そして「結果」を出してこそ仕事なのです。「きれいごと」ばかりいう人は、実にサクサクと物事に白黒を当てはめて斬ってみせるものです。だから、彼らの言葉は耳に心地がいいのです。

逆に現場を知っている人は、物事にはさまざまなケースがあり、簡単に白黒つけることができず、あらゆる可能性があることを「経験」の中から習っています。だから歯切れが悪いこともあるでしょう。しかし、そういう人はその中から「最善」の選択をして、自分の力で実行していきます。

「一見、正しいこと」をいっているような人間に絶対惑わされないことです。大切なのは、その人が「何をいうか」ではなく、「何を実行したか」です。どんな「実績」があるかです。ここをよく見極めてください。

実績とは、会議でどれだけ発言したとか、本を何冊書いたとか、テレビに何回出演したとか、大学でどんな資格を取ったとかいうことではなく、ビジネスパーソンとして「現場」で働き、結果を出したかどうかです。

自分は現場で何も成していないのに、現場が出した結果についてあれこれ批判することなど、許されていいはずがありません。何よりその「資格」がありません。「実行」のないところに、「評価」は生まれません。

政治家もそうです。最近は、何か政策に取りかかろうとすると、抵抗勢力が現れ、あっという間に物事がひっくり返ってばかりです。

テーブルの上にコーヒーカップを置いたままずらしてみてください。ガガッと音がするでしょう。そこに「抵抗」が生まれるからです。イスをずらせば、もっと大きい音がします。物事を大きく動かせば動かすほど、抵抗は大きくなります。それは当然のことであり、そこでいちいち足を止めていては物事は一向に進みません。

抵抗勢力など「乗り越えて」実行する。

批判など「受け流して」実行する。

仕事でも、政治でも、そうあるべきです。

principle

31

仕事の武器としての「ユーモア」を持つ

仕事は面白いものではありますが、苦しいものでもあります。

苦しい中で救いとなるものがあるとしたら、それは「ユーモア」です。

会社はトップダウンで動くものであり、ときには苦手な仕事を与えられたり、嫌いな上司の下についたりもします。しかし、どんな事情があっても、仕事を前に進めなければなりません。落ち込んでも何も解決しないし、何も変わらないのです。

逆説的ですが、**自分を取り巻く状況が厳しければ厳しいほど、気持ちを明るく保っておかなければなりません。**そのために必要なのは気分転換の要領であり、気分転換に最適のツールが「ユーモア」なのです。

日本人はジョークが下手だといわれます。真面目な国民性が悪い方向に働いてしまっているのでしょう。

香港で勤めていたころ、あるイギリス人のご家庭のパーティに招待されました。食事が終わると女性たちは別室に消え、テーブルに残った男同士で、多少艶めかしいジョークをいい始めたのを見て、感心しました。みなお腹を抱えて笑うのです。

そうして**「笑う場」を設ける習慣が、仕事の疲れや暗い気持ちを癒やすのに一役**

買ったのは間違いありません。

一方、日本の経営者たちが集まる場で、私が軽いジョークをいってみると、意味がわからずきょとんとしてしまう人がいます。ひどい場合には、後からやってきて「あのジョークはこういう意味ですよね？」と聞いてくる人までいます。そうして聞いてくる人に限って間違って理解している場合が多いのです。ジョークに「答え合わせ」を求めるなんて驚きですが、間違って理解すると面白くないのだから仕方ないのかもしれません。

日ごろから意識してユーモアセンスを磨いておく。でないと、彼らのように、せっかくの笑いどころで笑えない〝かわいそうな人〟になってしまうかもしれません。

では、ここで一つジョークを披露してみましょう。

ある銀行が、強盗に襲われてしまいました。

強盗は現金をバッグに詰め込んだあと、客の一人にピストルを突きつけ、

「おまえは今、俺が何をしたか見ていたか」

と尋ねたのです。客がうなずくと、強盗はその人を撃ち殺してしまいました。

強盗はさらに、隣の男性にピストルを突きつけ、同じ質問をしました。

男性はこういいました。

「私は一切何も見ておりません。ただ、隣にいる女房はよく見ていました」

……どうですか？　あなたは笑えたでしょうか？

ある集まりでこのジョークを披露したところ笑いも上々で、さらに後から高名な音楽教師である男性が、私にこっそり耳打ちしました。

「吉越さん、次はどこで銀行強盗が起きるか、わかったら教えてね」

私は次の集まりで彼のこの思惑を暴露し、もう一度会場を沸かせました。彼のようなユーモア溢れる一言を、とっさにいえるくらいになりたいものです。

principle
32

「会社とは、道場である」

「幸せになりたい」。みなそういうけれど、では幸せとは何かと問えば、返ってくる答えは十人十色です。幸せの形に正解はありません。

みなそれぞれ、自分なりに理想の「幸せの形」を持っています。

だから、「こうやって働けば絶対に幸せになれる」とは誰にもいえません。

誰もがみな幸せになれる働き方など、一概にはいえないのです。

けれど、各々の「幸せ」というゴールに向けて、みんなで頑張ることはできます。

ホンダの創業者・本田宗一郎氏は、次のようにいっています。

「私は会社のみんなに、『自分が幸せになるように働け』っていつもいってるんです。会社のためでなく、自分のために働けって」

実に機転の利いた言葉です。幸せになる方法を説くのではなく、「幸せになるために働こう」という目標を社員全員に共有させることができれば、これほど素晴らしいことはないと思いませんか。

もっとも、勘違いしてはいけません。本田氏のいう「自分のために働け」とは、「目先の私利私欲のために働いてもいい」という意味ではないのです。社員として働く以上、物事の判断基準はあくまでも、「自分のため」ではなく「会社のため」でなければいけない、ということは何度もお話ししてきました。

ではどういう意味かというと、たとえば**毎日残業して体力・気力ともにボロボロになったり、家族と過ごす時間がつくれなくなったりするような働き方をして、自分自身の幸せを犠牲にしてはいけない**、ということです。

成人し、社会人となり、さらに年齢を重ねたからといって、過ぎた月日の数だけ人は成長できるわけではありません。一日長く生きれば、一つ成長できるわけではないのです。

大切なことは、その一日をあなたがどう過ごすか、ということです。今日は有意義な日だったと、一日の終わりに思えるかどうかです。

この場合の「成長」とは、単に「育つ」という意味ではなく、「人として成熟する」ということを指します。人間としての厚みを増していけるかどうか、ということが重要です。

そのために必要なのは、知識や経験を積むことばかりではなく、「精神的に成長する」ことも欠かせないのです。私はよく**「会社は道場である」**ともいっています。

これは仕事面での能力を伸ばすと同時に、精神面での修養をすることができる場だから、そういっているのです。

では、能力も精神も磨かれる「有意義な一日」とは、一体どんな一日か。ビジネスパーソンであれば、やはり**自分の仕事に熱中し、没頭し、多くのストレスを感じ葛藤しながらも自分のやるべきことをやり切ることができた一日**です。

特別なことは必要ありません。そういった日々を積み重ねた先に自分の成長があります。

そもそも、継続することほど難しいものはないのです。ときにはうまくいかなかったり、自信をなくしたりすることもあるでしょう。成長しているという実感をなかなか得られないかもしれません。それでも、いつの日か結果を出したとき、あなたの一日一日の積み重ねが価値あるものだったと必ずわかるはずです。

継続することの力を信じて、まずは目の前の仕事に全力投球するところから始めてみましょう。

principle
33
「与件」から逃げない

最近の若者は、入社しても弱音ばかり吐いて、すぐに会社を辞めてしまうといいます。「こんなはずじゃなかった」「やりたいことができない」といって、去っていくそうです。

辞める事情はさまざまだとは思います。自分のキャリアアップはもちろん、よりよい条件の下で働くために転職するのであれば、大変素晴らしいことです。

もっと面白そうな仕事ができる。

チャレンジしがいのあるポジションを得られる。

大きな権限を与えられる。高い給与を確約される。

だから転職を前向きに検討する、というのであればいいのです。

しかし、仕事が辛いから、苦しいからというネガティブな理由で転職を選ぶのなら、感心できません。そういう人は、どんな会社で働いたとしても、最終的にはくじけてしまうでしょう。

仕事が辛く、苦しいのは当然なのです。みんなそうです。その中でも自分にできることをやろうとする人が頭角を現していくのです。

自分の周り取り巻く環境や条件は、あなたに与えられた「与件」です。職場環境もそうですし、困った上司の下で働かなければならないことも、使えない部下に悩まされることも「与件」の内です。このことは、これまで何度も述べました。

そしてビジネスパーソンの役割とは、その「与件」の中であがき、習いながら、**自分にできる最高のパフォーマンスをすること**なのです。「与件」の内容があまりにも悪く、会社を変える以外方策がないという場合であれば、いたしかたないと思いますが、もし、もっとラクに仕事をしたいという理由で転職するなら、それは「与件」から逃げ出そうとしているだけです。

そういう人は、いつまでたっても一人前のビジネスパーソンにはなれません。

今、世の中の移り変わりは非常に激しくなっています。

大学を卒業して新卒で入社したとしても、定年を迎えるまでその会社が存続していけるとは考えないほうがいいでしょう。どれほどの大企業であっても、五年後、一〇年後にどのような未来が待っているかわからない時代です。

この厳しい時代に生き残っていけるのは、どんな会社、どんな環境にあっても活

躍できる人だけです。どんな環境の下であっても結果を出せる人だけが、これからの時代に必要とされます。

だからこそ、目の前の仕事から逃げてはいけません。

筋トレするにも、負荷をかけたほうが効率よく筋力をアップできるように、仕事力も少々やりにくい環境の中でもまれ、あがいたほうが身につきます。

とくに、体力があり、新しいことをどんどん吸収できる若いうちから、苦しい環境で耐え忍び、能力を高めておくことが大切です。

仕事は苦しいのが基本です。仕事ができる人も、苦労して、努力して、やっとのことでその結果を手に入れているのです。

ラクに手に入れられる成功などありません。そこから逃げ、転職したところで、また別の苦労が待っているだけです。

どんな仕事、どんな職場にも、自分の思い通りにいかないことは絶対にあります。

目の前の仕事から逃げ出すことを考える前に、今自分にできることを精一杯やる。その積み重ねをできる人だけが、やがて頭角を現します。例外はありません。

principle

34

「自分の意見」を明確にする

最近は、「人と合わせる」「足並みをそろえる」といったことを、嫌う傾向があるようです。私が思うに、時と場合によって人に合わせることは決して悪いことではありません。もちろん、自分の意見とあまりにもかけ離れた意見にまで合わせる必要はありませんが、歩み寄ることは大切です。

もっとも、それ以前に**「自分の意見」を確実に持っているかどうかが重要**です。

日本人は概して、理屈より情を重視する傾向があります。それがやさしさや穏やかさといった方向に発揮されるのならいいのですが、悪い方向に発揮されると、「根拠はないけれど、気持ち的にはこうじゃないかと思う」

といった程度の意見を「自分の意見」と考えてしまいがちです。

そういう人は、他人から自分と異なる意見について、論理立てて根拠を示しながら説明されたりすると、まともに反論できず、受け入れてしまいやすいのです。すると、他人の意見に追随するだけの烏合の衆の一人になってしまいかねません。

相手の意見と自分の意見が、同じなのか、異なるのか。

それを判断するには、まず確固たる根拠に基づいた「自分の意見」を持っていることが大前提となります。そのうえで、「自分の意見と他人の意見が合わないときはどうするか」という疑問が初めて成り立つのです。

仮に意見の異なる相手が上司である場合は、部下として上司の意見に従うことが求められます。先にも述べたように、上司の命令を完全にやり遂げることが、部下のフォロワーシップというものです。上司の判断が間違っていると考え、それを指摘したものの改めて同じ指示をされたとしたら、部下は黙ってそれに従わなければなりません。

例外があるとしたら、上司の判断そのものが、法律違反であるとか、公平な目で見て間違いなく会社に不利益を与えるものだと確信できる場合でしょう。そういうときは、何としてでも上司を阻止すべく動くことです。二〇一一年にオリンパスの巨額な損失隠しを暴いたマイケル・ウッドフォード氏の行動は、まさにこれを体現したものでした。

では、相手が同僚や交渉相手である場合はどうするか？

もちろん「話し合い」をするのが最善の解決策です。

ここでいう「話し合い」というのは、〝ディベート〟ではなく〝ディスカッション〟のことです。つまり、意見の違う相手に対して「あなたはわかっていない」などと真っ向から否定したり、やりこめたりするのではありません。**相手の意見を否定せず、それぞれの意見のいい部分、納得のいく部分をお互いに取り入れ、積み重ねていって、最善だと思える結論を導き出していくのです。**日本ではそれを〝ブレインストーミング〟などと呼びますが、本来これはディスカッションのやり方です。「三人寄れば文殊の知恵」という諺は、一人ではいい考えが浮かばなくても、三人で意見を出し合い、それを積み重ねれば、素晴らしい知恵が導き出されることを教えています。

そういう感覚を身につけることが大切であり、ディスカッションを成功させるためにも、一人ひとりが基本となる「自分の意見」を持たなければなりません。

自分の意見と他人の意見がぶつかったときには、

「あなたの意見はこの点が納得ですね」

「私の意見のこの部分と組み合わせてみてはどうでしょう」

というように、前向きに意見交換する姿勢を持つことが一番の解決法なのです。

principle
35

〝オールドタイプ〟に成り下がらない

世の中の流れはスピードを増しています。しかも並大抵の速さではありません。それを実感として持ち、本気で危機感を抱いている人がどれだけいるでしょうか。日本人はまだまだ認識が甘いのではないかと、私は感じています。

ある有名な映像があります。ＹｏｕＴｕｂｅなどの動画サイトで検索すればすぐに見つかるはずです。「ＤＩＤ　ＹＯＵ　ＫＮＯＷ？」と題されたその映像の中では、いくつもの衝撃的な情報が紹介されています。たとえば、

「アメリカで二〇一〇年にもっとも需要がある仕事トップテンに入る仕事は、二〇〇四年には一切存在していなかった」

というのが何を意味しているかわかりますか？

これから社会人となるために今学んでいる学生たちは、まだ存在していないテクノロジーを利用して、まだ問題として存在していない問題を解決するための仕事に備えて学校で学ばなくてはならない、というわけです。

一体どういうことでしょう？

時代はそれだけ猛スピードで流れているということです。

さらに「ＤＩＤ　ＹＯＵ　ＫＮＯＷ？」から例を挙げましょう。

「五〇〇〇万人の視聴者なり使用者なりを獲得するまでにかかった年数です。ラジオは三八年、テレビは一三年、インターネットは四年、ｉＰｏｄは三年、フェイスブックは二年」

これは大変なことではないか、とあせりを覚えた人は正しい感覚の持ち主です。

そして、**ますますスピードを増す時代の変化が自分にどうかかわってくるのかを考えなければなりません。**

「アメリカの労働省の予測によれば、今の学生は三八歳までに、一〇～一四の仕事に携わることになる」

右の通り、猛スピードで流れる時代に合わせて、「人の流動化」が活発になってくることは間違いありません。日本はアメリカの変化から多少遅れますから、もう少し穏やかな状況になるでしょうが、いずれ同じような時代が来ます。

あなたには、準備ができていますか？

会社を辞めるとなったら他から引く手あまたで転職先は選び放題。そんな人材であると胸を張っていえるでしょうか？　一定の年齢になって職を探そうとすると、日本の会社が求める人材は自社でなかなか育てることのできない特殊な分野の専門家ばかりであったり、外資系の求人の大部分は英語ができることが条件であったりするため、大半の人が応募もできずに弾かれてしまうのが日本の現状です。この事実だけとっても、多くの人の認識が甘すぎるのは明らかでしょう。

絶対的に自分が優位に立てる技術能力を持っている。資格やＭＢＡを取得している。その能力や資格でもって出せた素晴らしい実績がある。五年前には存在していなかった職種に就いても、無条件に対応でき、変わらない活躍ができる。

これからの時代を生き残れるのはそういう人です。

世界はもう変化を止めることはできません。会社もまた、変化しなければ生き残っていけません。当然、そこで働く人間は自分の能力、技能を、変化に合わせて変えていかなければならない、ということなのです。

principle

36

どんどん「変化」し、「変化」させる

「つねにこれでいいのか？　ということを考えるのです。決して、昨日と同じことを、同じ方法で、同じ発想でやってはいけません」

これは、稲盛和夫氏の言葉です。

つねに「これでいいのか？」と考える。

とても単純なことですが、実行できている人はほとんどいないでしょう。

「これでいいのか？」と自分自身を振り返って、「よくない」と気づいたら、何らかの手を打たなければなりません。「変化」を自ら起こさなければならないわけです。

しかし、人は「変化」をあまり好みません。むしろ、今がうまく回っていると、「現状維持に努めることが重要だ」と勘違いしてしまいます。世の中は毎分毎秒の単位で変化しているというのに、それでいいわけがないのです。

まずは、「変化」に慣れましょう。自分の身近なところから「これでいいのか？」と見直してみるクセをつけることです。

たとえば、朝起きてから家を出るまでの、自分の行動を考えてみてください。

朝目覚めて、顔を洗って、朝食をとって、着替えて……といった毎朝のルーティンを、社会人になったばかりのころは一時間近くかかっていたものが、次第に効率的な順番を編み出して、三〇分に短縮できるようになったとします。

これはいいことですが、一度決まったルーティンに落ち着いてしまうと、そうすることが勝手がいいわけですから、わざわざその流れを変えようとはしないでしょう。「もっといい方法はないか？」と見直してみるなど、思いつきもしないはず。

むしろ、変化を起こすと、それに慣れるまでにさらに時間や労力がかかることを思えば、たとえもっと効率のいい方法が見つかったとしても、慣れたやり方のほうがやりやすいと考えてしまうものです。

こういう思考は、仕事の中でも起こり得ます。新しいソフトを導入すれば仕事の効率化が図れるというけれど、新しい作業方法を学び、慣れるまでにはある程度の時間がかかるし、よい話ばかりではなく、ひょっとしたら思わぬ落とし穴があるかもしれない。それなら、ある水準以上の結果が出せると確定している、今までやってきた慣れたやり方を続けたほうがいい——。

いい提案があっても反対したり、あるいは周りの変化に頑なに対応しようとしなかったりする、いわゆる〝抵抗勢力〟の考え方は、まさにこういったものです。

ある程度の経験を積んで、小さな失敗をいくつか乗り越えていけば、よりうまくいく自分なりの仕事のやり方が出来上がってくるでしょう。だからといって、その上にあぐらをかいてデンと居座り、「これをやっていけば安泰」と安心しているようではいけません。

世の中は変化しています。変化のないビジネスなどなく、当然あなた自身も否応なく変化への対応を求められます。

変化は起きて当たり前――。つねにそのスタンスに立つべきです。

変化が起きたらいつでもどこへでも縦横無尽にすぐ動けるように、つま先立ちの体勢をとりながら、アンテナを張りめぐらせて、どんどん変えよう、変わってやろうと心の準備しておくことです。

そうすることで変化に抵抗感なく順応していけるのが、結果を出し続けるビジネスパーソンなのです。

principle

37

いつでも「自分原因説」が正しい

最近の若い人たちから漏れ聞こえてくる言葉といえば、どんなものでしょうか。

「日本を覆う閉塞感をどうにかしてほしい」

「この不況では何をやってもうまくいかない」

「やりたいことをやれる会社がない」

「政治が何も問題を解決してくれない」

「こういった環境の中で子どもを生んでもいいのだろうか」

そんな「嘆き」や「心配」ばかりのような気がします。

気持ちはわからなくもありません。

今の日本やこれからの日本の経済・政治を考えるとき、正直いって明るい材料はあまりありません。少子化はますます進み、日本経済がさらに縮小していくことは間違いありませんし、まともな政治がなされるようになるメドはまったく見えません。申し訳ないのですが、今の若者たちが時代に恵まれなかったのは確かでしょう。

だからといって、**すべてを「時代のせい」にして、自分が幸せになれない理由をそこに押しつけても、何も変わらない**のです。

みなさんは、渋沢栄一という人物を、ご存じでしょうか。名前くらいは聞いたことがある人も多いと思います。渋沢栄一は、幕末の日本に生まれ、明治維新を経験したのち、五〇〇社以上の会社の経営・設立にたずさわったという経歴の持ち主で、「日本資本主義の父」と呼ばれています。

渋沢は一八四〇年、農民の子として生まれました。封建時代に農民として生まれたということは、用意されているのは農民として終わる運命の人生です。ところが、彼は若くして武士になるべく出奔します。はては一橋慶喜、のちに江戸幕府最後の将軍となる人物の家臣になりました。

当然、その後は幕臣として慶喜を支え、一八六七年には慶喜の弟に随行してフランスのパリ祭に足を運んでいます。そこでヨーロッパの商業や経済、軍事を習い、見聞を広めて帰ってきたわけですが、その知識を十分に振るう前に、明治維新が起こってしまいました。

彼は自著の中で明確に、明治維新が自分にとって「逆境」であったと書いています。明治維新によって多くの若者たちが自らの手で活躍の場を切り開いた一方で、幕臣であった渋沢にとってそれは「逆境」でしかなかったのです。そのハンデを背負いながらも、彼は自らの能力と見聞でもって、その後、経済の分野で活躍していくことになります。

何がいいたいかというと、結局、**「頑張る人は頑張る」**のです。**環境や状況や、その他のさまざまな事情に関係なく、「やる人はやる」**のです。政治がふがいなくとも、会社が頼りなくとも、仕事ができる人はつねに結果を出すものなのです。

だから、「できない理由」を探しているヒマがあったら、まず、できることから始めてください。本書の適当なページを開いて、何でもいいからとりあえず挑戦してみてください。

頭角を現す人間になれるか、その他大勢の中の一人で終わるか——。

その分岐点となるのは、**つねに「できる方法」を探すか、いつも「できない理由」を探すか**、という点なのです。

5章

〈人の上に立つ力〉

「選ばれる人間」の絶対条件

principle

38

日々、人の上に立つための〝準備〟をしておく

もしあなたが行き詰まったり、新しい自分に生まれ変わりたいと思ったり、自分の運命を変えたくなったりしたら、できることはたった一つ。

「ひたむきにやる」ことです。一発逆転の方法などありません。

当たり前すぎると思うかもしれませんが、実は簡単なことではありません。

簡単に思うのは、あなたが日本人であり、日本人特有の素晴らしい才能を持っているからなのだといえます。

私は長いこと外資系の企業で働いていたからわかるのですが、コツコツと地道に努力し続けることのできる国民性は、日本が誇るべき点です。

ただ残念なことに、**せっかくの「才能」があっても、その「生かし方」を多くの人が間違えています。**というのも、ひたむきに努力することはできても、それだけで結果がよくなるわけではないのです。「努力する才能」を、結果につながる方向へ発揮できるように導く「リーダーシップ」が、日本人には決定的に足りませんから、それを解決しないとどうにも仕方ないのです。

日本人の仕事の仕方というのは、道路工事をするために、つるはしを持ってみんなでコツコツと穴を掘っているようなものだと、私はよくたとえます。山を貫いてトンネルを掘れば最短距離で幅の広い道が通せるのに、わざわざ山を迂回して、崖沿いに細い道路を敷くために、毎日せっせとつるはしを振るっているようなもの。効率の悪いやり方で、最善とはいえない結果を出すために、黙々と努力をする。そんな「つるはし仕事」ばかりで頑張っているのが日本人なのです。

しかし、出すべき結果を出すためには、この「つるはし仕事」では足りません。

もし、つるはしをみんなで振るっている工事現場に、リーダーシップのある指揮官が一人やってきたらどうでしょう？　指揮官は、部下につるはしを捨てるように指示し、代わりにドリルや巨大な掘削機を持ち込むでしょう。

そのうえで迂回路をつくるより、トンネルを掘るほうが効率的で、最善の結果が出せると判断したら、新しい目標を設定して、みんなを説得して、その方向へ努力するように導くはずです。

いかにひたむきに努力しても、その方法が間違っていたら、結果にはつながりません。トラブルが起こったのにそれを放置して、やり方を変えずに突き進めば、その先で必ず大問題を引き起こします。

そうならないように先んじて手を打てるか。仕事の結果はそこで決まります。

ところが、ほとんどの指揮官はそれに気づかず、あるいは、それに気づいても組織の中でよい方向性を見出すことができずに、何の指示も出せずに、部下が一生懸命つるはしを振るい続ければどうにかなると信じています。せっかくの「努力する才能」も宝の持ち腐れ状態です。日本の残業問題、ひいては過労死の問題はその典型的なものといえましょう。

そもそも、判断できる権限が現場に与えられていないのも問題です。

現場で判断すれば短時間で解決できるような小さな問題まで、上司に報告して上の判断を待たなければならないという日本企業の悪習は、社員の中にリーダーシップが育つのを妨げ、いわゆる指示待ち人間だけをつくり出していくことになります。

知っておいてほしいのは、仕事のテクニックは本を読んだり、教わったりすることで身につけられても、リーダーシップはそうはいかないということ。形式知を身につけたうえで、失敗や成功をたくさん経験し、経験から習ったことを積み重ねていった先に、備わるものです。自分の力で身につけていくしかないのです。

principle

39

「自分がやらなくて誰がやるのか?」

必死になって目の前の仕事をしていれば、自分が属する業界の行くべき方向、目指すべき目標というのは、おのずと見えてくるものです。

パソコンの黎明《れいめい》期、マイクロソフト社のビル・ゲイツは、

「パソコン業界はまだリーダー不在だった。チャンスだ。僕らが行かなくてどうする、と思った」

というようなことを語っています。彼が率いるマイクロソフト社のように、行くべき方向へ力強く足を踏み出していく業界のリーダー的存在はとても貴重です。

しかし、そういう企業はなかなか登場してきません。むしろ日本の場合は、その業界に一社ないし数社存在する大手企業のスピードに合わせて、業界が進んでいくことが多いのです。

それを、

「ぬくぬくとして気持ちがいい」

と見るのか。

「それでもついていくのが大変」

と捉えるか。あるいは、

「リーダーが不在だ」

と嘆くか。

それは、その人、その会社によるでしょう。

近年の各業界がおかれる状況を見てみれば、たとえばPC業界でいえば、アメリカ企業IBMのPC部門は中国のレノボに買収されました。一時期、98シリーズというPCで九〇パーセントを超えるマーケットシェアを日本で誇ったNECも、日本市場そのものでレノボとの事業統合を行ないました。

勢いのある会社によって、業界そのものが乗っ取られていく流れは、今後ますます強まっていくはずです。

どのような業界でも、大なり小なり似たような動きが出てきています。逆に、変化のない業界は、リーダー不在ということであり、人材も商品も面白みがなくなって、やがて停滞していくしかありません。

昔から「会社は三〇年周期で終わる」といわれてきました。私も実感として、それは正しいと思います。私がトリンプ・インターナショナル・ジャパンで働いた一九八七年から二〇〇六年の一九年間で、大きな環境の変化を身をもって体験したからです。

一九八〇年代まで下着業界は、百貨店やスーパーでの売上がほとんどでした。しかし、九〇年代に入り、それらの成長が止まると、ショッピングセンターが台頭し始めます。

ショッピングセンターとは郊外につくられる巨大店舗のことで、スーパーを核店舗として置き、そこに付随する形で専門店街が連なります。ショッピングが楽しめるだけでなく、映画館があったり、レストラン街も充実していたりして、お客さまはそこで丸一日を過ごすわけです。

当初は、地元への利益還元を考慮して、地元の店舗に入ってもらうというのが、ショッピングセンターの基本方針でした。しかし、地元の専門店はそもそも出店できるほどのお金がなく、最新の商品をいち早くそろえられるような手段を十分に持っていないのが現実でした。そこで、大手企業に出店要請が回ってきたわけです。

こうした変化を受けて、トリンプは当時、既存のメーカーとしては唯一「アモスタイル」という直営店チェーンを立ち上げました。百貨店やスーパーで取り扱っていただいている「トリンプ」ブランドの商品と競合しない別ブランドで、しかも価格のこなれた、デザインも品質もよい商品を、専門店街に出店した直営店で売り出したわけです。

当然、最初のうちは競合すると考えた百貨店などから厳しいクレームがありました。新しいビジネスを始めたり、新しい商品を生み出そうとしたりするときは、後ろ向きな意見や、クリアしなければならないさまざまな課題が次々と押し寄せてくるのは避けられないものです。

そういう場合、たいていは〝あきらめる方向〟へ向かって物事は流れがちになります。しかし、このときは会社のコンセンサスとして、「トリンプの将来を考えると、直営店のチェーン展開が絶対的に必要である」という考えが確固としてあったことが幸いしました。クレームによって社の方針がゆらぐことはなく、また、立ち上げの時期が他社より早かったこともあって、最終的には業界内のその分野では優位に立つことができたのです。

このように、他業界の変化に合わせて、自分の属する業界そのものに変化が求められることがあります。

トリンプの前に働いていたメリタというコーヒーメーカーでも似たような経験をしました。もう三〇年も前のことになります。そのときも直営店のコーヒーチェーンを立ち上げようとしたのですが、数店をトライアルレベルで立ち上げたところで、メリタの器具を扱ってくださっている、同じようなコーヒーショップを展開しているコーヒー会社から強いクレームが入り、上司がその展開をやめる判断をしたのです。今でも、あのとき続けていれば……とよく考えます。

ここぞというとき、いち早く進むべき方向を見極められるか。

ゴールを定め、それをやり切れるか。

そのためにリーダーシップを発揮できるか。

これらの条件がそろったときに、業界に新しい風が巻き起こっていきます。

どうせなら、その新風の第一波を自分が担ってやる――。

そのぐらいの覚悟で仕事に取り組んでいきたいものです。

principle

40

「ホウ・レン・ソウ」はいらない

日本の高度成長期に経団連の会長を務め、「財界総理」と呼ばれた石坂泰三は、

「会社につとめて、いろんなことを教えてもらうんだから、ありがたい。金を払ってもいいくらいだ」

といいました。

この言葉、私も大方は賛成なのですが、石坂泰三のような著名な方にケチをつけるようで申し訳ないものの、一カ所だけ訂正したい部分があります。

それは、社会人として「教えてもらう」という感覚を持つのはいけない、ということです。本来は「習わせてもらう」とするのが正しいのです。

最近の日本の若者が、

「会社に教えてもらおう」

「上司に教えてもらおう」

と当然のように思っているのは、実に嘆かわしいことです。人が人に教えられること、教われることなど、ほんの一握りの限られたことしかありません。

このことは先にも述べましたが、知識には「暗黙知」と「形式知」があります。

「暗黙知」とは、言葉で語ることのできない知識のこと。一方、「形式知」とは、仕事上のことでいえばマニュアル化できる業務などがこれに当たります。

そして「形式知」であれば、人は教えたり教えられたりすることが可能です。

たとえば、スキー初心者に、スキー板の扱い方やボーゲンを言葉や行動で教えることはできます。

しかし、それを教わったからといって滑れるものではなく、何度も練習を繰り返し、滑る感覚をつかんで、滑ることに関する「暗黙知」の部分を自分で習っていくことで、初めてスキーが楽しめるようになります。

仕事も同じです。

「教えてもらおう」と思っているうちは成長しません。

成長する人は、仕事ができる人から技を盗み、真似し、練習して、自分で仕事を習っていく人です。

ビジネスパーソンは成長することをつねに期待されています。

では、成長するために何が必要なのか。

それは、責任と権限を持ち、自分で判断して、困難を切り抜けていくような仕事をすることです。

仕事とは本来そういうものなのですが、日本では「まだ若いから」「新人だから」という理由で責任を軽減したり、問題が起きても矢面に立たせない配慮をしたりしがちです。

このことは、私はいつもいっているのですが、**とくに若い人の成長を阻害するのがいわゆる「ホウ・レン・ソウ」です。**「報告・連絡・相談」を部下に徹底させる習慣が、部下から「習う機会」を奪ってしまいます。

これは、部下に目的地を設定済みのＧＰＳ装置を持たせるようなものです。ＧＰＳを見れば道順がわかるから、部下は自分の頭を使って考えようとしなくなります。ＧＰＳに頼り切って、ＧＰＳが示す方向にただひたすら向かおうとします。

その結果、何が起こるか。

「道に迷う経験」ができなくなるのです。**一から一〇まで指示を仰ぎ、手取り足取り仕事のやり方を教えてもらった人間は、「失敗」できなくなります。**

ここに大きな問題があります。

もし、失敗しないのはいいことじゃないのか、と思うようなら、あなたはまだまだのビジネスパーソンです。

人間は、失敗することによって習います。

失敗は成功のもと。

失敗は金を払ってでもしろ。

こうした先人達の言葉が現代にも伝わっているのには意味があるのです。

人は失敗によって自分の力不足に気づき、再度失敗したくないという思いから、未熟な部分を練習して鍛えたり、うまくやれるように工夫したりするものです。失敗を知らない人は、成功もできません。

「仕事の原理原則」は他人から教えてもらえても、それ以上のことは自力で身につけていかなければなりません。 その部分だけは、誰にも肩代わりしてもらえません。

主体はあくまでも自分。「誰かに教わろう」とする気持ちを捨てて、「自分で習おう」とつねに意識する人が、頭角を現す人間に育っていくのです。

ただし、先にも何度か述べていますが「失敗から習う」といっても、仕事の最終段階で取り返しのつかない大失敗をするのは問題外です。

その前段階で、リカバリー可能な程度の小さな失敗を繰り返す――。

それが、ここでいう「失敗」です。

「小さな失敗」の経験によって、ものの動きや考え方、道理、ルール、習慣、意識を習い、分析力・常識力・判断力が鍛えられていくのです。

そもそも大失敗というものは、小さな失敗が起こっても何の手も打たず、未解決のまま放ったらかしにしたことが原因で起こるものです。

だから、大失敗を起こす人間はやがて必要とされなくなるのです。

principle

41

仕事はすべて「自己責任」でやる

会社は「トップダウン」の構造があって初めて、組織として成り立ちます。

そして、仕事にまつわるすべての判断は、各レベルの組織において、その責任と権限を持った者が迅速・すみやかに行なわなければなりません。

つまり、会社の決定は社長が、部の決定は部長が、課の決定は課長がという具合に、規模の大小にかかわらず組織のトップとして権限を与えられている立場の人間が、判断をどんどん下し、部下に指示を出すのが原則です。

しかし、日本では少し事情が違います。

部長であれ課長であれ、業績に大きく影響を与えかねないような、ある一定以上の案件となると、たとえ与えられた権限の範疇《はんちゅう》に入るものであっても、さらに上の上司にいわゆる「ホウ・レン・ソウ」を行なって確認をとります。さらには、権限が限定されていることもあってか、稟議書を回しては多くの捺印をもらうという手続きを取るので、責任の所在が明確でなくなってしまいます。

これが当たり前のようにまかり通っているから問題です。

どのレベルであっても権限を持ったトップが、自分で最終決定を下すべきです。

その際、頼りにできるのは自分だけ。判断の確認を誰かにとる必要はありません。

そして、これはトップに限ったことではないのです。

自分で判断して物事を決め、自分で責任を取る——。

すべてのビジネスパーソンは、この姿勢、考え方を持って仕事に臨むべきです。

一から一〇まで「ホウ・レン・ソウ」で上司の判断を仰ぎ、おうかがいを立て、いざとなったら連帯責任で上司にかばってもらおう——などと考えているようでは、いつまでたっても成長できません。


何事も自分で判断する。

負うべき責任から決して逃げない。

当たり前のようで、これを実行するのはかなり難しいものです。

「決意」だけでは足りないのです。

大切なのは「積み重ね」です。まずは小さな案件の小さな失敗について、「自分で判断し克服する」訓練をいくつもいくつも積み重ねる。そうすることで、自分の中に判断の軸がつくられ、さらには責任逃れをしない覚悟と自信が身につきます。

見方を変えれば、自分で判断、実行できる権限を与えられ、その権限を使う場を与えられることで、人は育つということです。

そのためにも、**上司は部下に対して積極的に仕事を「丸投げ」するべきです。**

もちろん、管理は必要です。最終的な着地点や、どんなステップ、マイルストーンを踏んでいくか確認をとったうえで、途中経過・進捗をチェックすべく「デッドライン」を設けるなど、部下が取り返しのつかない大失敗をしないように手を打っておくのは上司の仕事です。

しかし、すべてにおいて「ホウ・レン・ソウ」をさせたり、ほんの小さなミスさえ犯さないように先手を打ったりするのは、過保護というもの。口出しせずに、あえて小さな失敗を経験させ、部下が自力で壁を越えるのを見守るのも、上司の役目なのです。

また部下も、「肝心なことは上司に決めてもらえばいい」「トラブルが起こっても上司が何とかしてくれる」などという甘えは、即刻捨てることです。

仕事はすべて自己責任。この原理原則を頭に叩き込んでください。

principle

42

「できる上司ほど無理をいう」

いい上司とは、どんな上司か。実際に思い浮かぶ顔があるでしょうか？

私が考える「いい上司」とは、次のような人です。

①部下に好かれようとしない上司

②部下に無理難題を押しつける上司

③つねに挑戦し、成功して、結果を出す上司

無私であって「会社のために」という考え方につねに立っている人で、それなりの能力があることはもちろんですが、そのうえでこの三拍子がそろっている人こそが、リーダーシップのある理想的な上司です。思い浮かべた「いい上司」とズレがあったなら、あなたは「上司の役割」をはき違えているかもしれません。

「上司の役割」は、部下と目標を共有し、私心を排して、ゴールへ向かって進み、一緒に結果を出していくことです。

組織は、無条件にトップダウンで動きます。よく組織が縦割りでうまく機能しないといわれますが、それは課長であり部長であり、はたまた社長であり、その組織のトップが本来の機能を果たしていないということにすぎません。彼らは自分たちが会社という名の〝扇〟の骨をとじ合わせるための「要」である、という自覚が足らないのです。

上司はそれを理解して部下を引っ張っていかねばならないし、部下もそれを前提として上司についていくことが求められます。

トップダウンを実行するには、**上司が部下の顔色をうかがっているようでは話になりません。**上司は「部下に好かれよう」などと絶対に思わないことです。

日本にしか存在しないという「パワハラ」などといったレベルの低い話ではなく、無理難題と思われるような仕事を成長する余地のある部下に押しつけ、同時に権限と責任を与えて、部下に仕事をまるごと任せる。そうすることで初めて、部下は組織の一構成員として働くことができ、成長していくことができるのです。

たとえどんな無理難題を押しつけられようとも、**「この上司についていけば、結果を出せる」という事実を身をもって知れば、部下は自然とついていきます。**

上司は部下に無理をいいます。少なくとも自分のレベルまでは部下を育てようとするからです。部下はその無理を何とかやり遂げてみせ、その先に成功がついてくるから、努力が報われ、上司を尊敬します。

結果として「好かれる上司」になる――。これが正しいのです。

もっとも、リーダーシップを発揮してこれを実行できる上司は、今の日本にはほとんどいません。「飲みニケーション」などと称して部下を飲みに連れ出し、愚痴をいい合って、傷のなめ合いのようなことをするのがせいぜいです。

歴史をさかのぼれば、豊臣秀吉もまた、

「主人は無理をいうものと知れ」

という言葉を残しています。

織田信長に無理難題をいい渡され、それに見事応えてきた秀吉が、時を経て無理難題をいう立場になったときにこう語ったのかと思うと、興味深いものです。

principle

43

自分の評価は「いつもの自分」で決まる

「出世の道は信用を得ることである。
第一の条件は正直でなければならない。
第二の条件は礼儀を知っていることである。
第三の条件は物事を迅速、正確に処理する能力があるかどうかである」

これは阪急グループの創業者・小林一三の言葉です。

出世には、「極意」も「近道」もありません。

まさに「いつもの自分そのものに対する評価」だからです。

とりつくろって自分をよく見せることができるのはほんの一瞬、ほんの一部だけで、ちょっとの間でも一緒に仕事をすれば、化けの皮は剥がれるというものです。

正直さ、礼儀正しさ、そして物事を迅速かつ正確に処理する能力を磨くことで信用を得る以外に、出世の道はないのです。この三つをきちんとクリアしていなければ、出世街道の出発点に立つことさえできません。

とくに、立場が上へ行けば行くほど、正直さや礼儀正しさなど、いわゆる無私を原理原則とする「人徳」が非常に重要になってきます。

昨今、書店へ足を運ぶと、正確さや迅速さをスキルアップするための仕事術やノウハウに関する本が流行りのようです。しかし、そうしてひたすら「テクニック」を磨き、たとえ少し出世できたとしても、そういう人ほどいざ権限を手にしたとき、選ぶべき道を間違えてしまうことになりかねないのです。

二〇一一年、オリンパス株式会社が、一〇年以上にわたって巨額の損失隠しを行なった末、これを不正な粉飾会計で処理したことが明るみに出て、日本経済界に激震が走りました。さらに、こうした不正が発覚した会社の上場を「維持する」と東京証券取引所が結論づけた事実には、たとえそれが株主利益を守るものだとしても、目を覆うものがあります。

誰が考えても間違っていることが、まかり通ってしまう日本のこの世の中が、正常であるわけがありません。おそらく今このときも、日本のどこかで、誰かが一生懸命になって机の下に隠そうとしている問題が、山ほどあるのでしょう。

こうした不正が起こるのは、人々が正直さや礼儀正しさをどこかへ忘れてきてしまった結果です。会社の中枢にあって、権力とお金が飛び交う中で生きる人ほど、人徳を持って、清廉潔白な正しい行ないをするよう、つねに心がけなければなりません。

出世を志すあなたも、未来のリーダーとなるべく、今から自分の「人徳」を磨く努力をしてください。

たとえば本を読むのなら、仕事術に関する本は二割くらいにとどめておいて、残りの八割はあなたの人徳、人生観を磨くために役立つ本を読むことです。

一本の剣も、心の貧しい人の手にあれば凶器となりますが、正しい心の持ち主の手にあれば、それは身を守り、戦いに勝つための武器になります。

仕事術も同じです。同じ知識であっても、不正に手を染めてしまうような弱い心の持ち主にかかれば悪知恵となるでしょう。しかし、人徳のある強い心の持ち主の手にかかれば、会社に利益をもたらす素晴らしいアイデアに変わるのです。

principle

44

〝精悍〟なビジネスパーソンになる

あなたは「いい顔」をしていますか。

「いい顔」というのは、「顔立ち」の美醜ではなく、「顔つき」のことです。

仕事ができない人は、たいてい「柔和」な顔つきをしているものです。

なぜなら、「自分は仕事ができない」と自覚しているからです。仕事ができないと、結果を出して周りに認めてもらうことはできません。残る選択肢としてはたった一つ、「いい人」になるしか社内で生き延びる方法がないので、努力して「いい人」のように振る舞います。そうなると柔和な顔つき、いかにも争いごとを好まない穏やかな顔つきになってくるものです。

仕事ができるといわれる人の顔つきを見てみてください。
何ともいえない、「いい面構え」をしているものです。

もちろん、やさしさや穏やかさが不要とはいいません。ただし、それだけでは絶対的に足らないのは間違いありません。

仕事をする限り、そこには必ず達成すべき目標があります。また、目標を実現するために他社との競争に打ち勝っていく必要もあります。障害となるものに立ち向かっていく粘り強さや、失敗にめげずに何度もチャレンジする精神力も必要です。

これらを実現するには、「厳しさ」を持つことが不可欠です。

他人に対してではありません。

自分に対する厳しさです。

「自分で自分を褒める」ことが大切などという人もいますが、日本の社会というのはもともとが甘く、多くの人が甘えの気持ちを当たり前に持っています。その甘さのスタンダードにまで自分を落としてはいけないのです。

もしかしたら、あなたの周りには、ほんのちょっと仕事を片づけただけで、大げさなほど褒めてくれる上司がいるかもしれません。それを良しとして、その甘さのレベルに合わせて、自分の中にある厳しさのハードルを下げてしまうと、いい仕事はできなくなっていきます。

自分に対する厳しさを保ちながら仕事に臨み、そのうえで自分自身が納得できる水準か、もしくはそれ以上の結果を出して、自己満足を得る。その瞬間がビジネスパーソンにとって一番の幸せであり、そのうえで周りの人が驚きをもって賞賛してくれたなら、それこそが本来あるべきプロの姿ではないでしょうか。

ビジネスパーソンとして成功したいなら、「厳しさ」は不可欠です。

つねに自分で判断し、行動し、自分を律していく厳しさ。

決して自分を裏切らない厳しさ。

それに反するものに対しては、他人はもちろん、自分自身であっても、厳しく接する態度を持ってください。「厳しさ」を自分に課していける「厳しさ」が、その人の人となりをいい方向へと導いていきます。

その内面は顔に表れ、自然と「いい顔」をつくっていきます。

穏やかな表情の中にも、厳しさを感じさせる精悍さがある――。

これがビジネスパーソンにとってベストの「いい顔」です。

自分で自分を戒める「厳しさ」こそ成功のカギなのです。


（了）

本書は、小社より刊行した『必ず「頭角を現す社員」45のルール』を、文庫収録にあたり、再編集のうえ、改題したものです。

吉越浩一郎（よしこし・こういちろう）
１９４７年千葉県生まれ。ドイツ・ハイデルベルク大学留学後、72年に上智大学外国語学部ドイツ語学科卒業。香港での合計６年のドイツ企業勤務を経て、92年にトリンプ・インターナショナル・ジャパンの代表取締役社長に就任。「デッドライン」による即断即決経営を武器に同社を19年連続増収・増益に導く。２００６年に退任し、現在は講演・執筆等で活躍。

著書に『仕事ができる社員、できない社員』（三笠書房）、『デッドライン仕事術』（祥伝社）、『「残業ゼロ」の仕事力』（日本能率協会マネジメントセンター）などベストセラー多数。

知的生きかた文庫

仕事《しごと》の最強原則《さいきょうげんそく》

著者　吉越浩一郎《よしこしこういちろう》
発行者　押鐘太陽
発行所　株式会社三笠書房
〒一〇二−〇〇七二　東京都千代田区飯田橋三−三−一
電話〇三−五二二六−五七三四〈営業部〉
〇三−五二二六−五七三一〈編集部〉
http://www.mikasashobo.co.jp
印刷　誠宏印刷
製本　若林製本工場

ISBN978-4-8379-8403-0 C0130

「知的生きかた文庫」の刊行にあたって

「人生、いかに生きるか」は、われわれにとって永遠の命題である。自分を大切にし、人間らしく生きよう、生きがいのある一生をおくろうとする者が、必ず心をくだく問題である。

小社はこれまで、古今東西の人生哲学の名著を数多く発掘、出版し、幸いにして好評を博してきた。創立以来五十余年の星霜を重ねることができたのも、一に読者の私どもへの厚い支援のたまものである。

このような無量の声援に対し、いよいよ出版人としての責務と使命を痛感し、さらに多くの読者の要望と期待にこたえられるよう、ここに「知的生きかた文庫」の発刊を決意するに至った。

わが国は自由主義国第二位の大国となり、経済の繁栄を謳歌する一方で、生活・文化は安易に流れる風潮にある。いま、個人の生きかた、生きかたの質が鋭く問われ、また真の生涯教育が大きく叫ばれるゆえんである。そしてまさに、良識ある読者に励まされて生まれた「知的生きかた文庫」こそ、この時代の要求を全うできるものと自負する。

本文庫は、読者の教養・知的成長に資するとともに、ビジネスや日常生活の現場で自己実現できるよう、手助けするものである。そして、そのためのゆたかな情報と資料を提供し、読者とともに考え、現在から未来を生きる勇気・自信を培おうとするものである。また、日々の暮らしに添える一服の清涼剤として、読書本来の楽しみを充分に味わっていただけるものも用意した。

良心的な企画・編集を第一に、本文庫を読者とともにあたたかく、また厳しく育ててゆきたいと思う。そして、これからを真剣に生きる人々の心の殿堂として発展、大成することを期したい。

一九八四年十月一日

押鐘冨士雄

知的生きかた文庫

孫子の兵法
守屋洋
人間に対する深い洞察によって裏打ちされた『孫子』は、現代の人間関係や経営戦略に応用可能な「深み」がある。ビジネスに生きる人々の実践の書！

兵法三十六計
守屋洋
「戦わずして勝つ」――それは、武力ではなく「頭」で勝つということ。人間、モラルや道徳だけでは生き残れない。現実に即した、勝ち残りの戦略とは？

超訳 孫子の兵法
「最後に勝つ人」の絶対ルール
田口佳史
取引先との交渉、ライバルとの駆け引き、思いがけないトラブルへの対処法など、ビジネスの「あらゆる場面」で応用できる13の基本戦略！

超訳 老子の言葉
「穏やかに」「したたかに」生きる極意
田口佳史
教養が身につくだけでなく、実用性と効能のある「老子」の智恵。日常生活に即役立ち、品格を高める「生き方」の指針。これであなたも「人生の達人」！

できる人の論語
中島孝志
「努力の方向」や「上下関係」さらに「成功戦略」「メンタル」まで！――その〝仕事の悩み〟は遙か昔、すでに孔子が解決済みです。いまこそ『論語』に学ぶ！

C50273

知的生きかた文庫

頭のいい説明「すぐできる」コツ
鶴野充茂

「大きな情報→小さな情報の順で説明する」「事実＋意見を基本形にする」など、仕事で確実に迅速に「人を動かす話し方」を多数紹介。ビジネスマン必読の1冊！

「1冊10分」で読める速読術
佐々木豊文

音声化しないで1行を1秒で読む、瞬時に行末と次の行頭を読む、漢字とカタカナだけを高速で追う……あなたの常識を引っ繰り返す本の読み方・生かし方！

仕事ができる社員、できない社員
吉越浩一郎

考え方、能力、習慣、性格……できる人とできない人の違いはどこにあるのか？ トリンプを19年連続増収増益に導いたビジネスリーダーが説き明かす！

なぜかミスをしない人の思考法
中尾政之

「まさか」や「うっかり」を事前に予防し、時にはミスを成功につなげるヒントとは――「失敗の予防学」の第一人者がこれまでの研究成果から明らかにする本。

気にしない練習
名取芳彦

「気にしない人」になるには、ちょっとした練習が必要。仏教的な視点から、うつうつ、イライラ、クヨクヨを〝放念する〟心のトレーニング法を紹介します。

C50286